农产品新媒体电商
实务教程

乔富强 ◎ 主编

中国农业出版社
农村读物出版社
北　京

编写人员名单

主　编：乔富强

副主编：赵春雷　张德富　陈　拓　詹晓瑞

参　编（按姓氏笔画排序）：

王亚芝　王雪峰　王景炫　牛正浩

文友昭　尹　安　朱海燕　刘春影

刘振中　刘嘉敏　齐雪峰　李　洋

李家豪　吴珊珊　张雅楠　张颖涵

赵清华　黄　新　谭　继　墨　白

前　言

　　乡村振兴，关键在人。随着《乡村振兴战略规划（2018—2022 年）》的实施和深入推进，培养新一代懂农业、善经营的高素质新型职业农民迫在眉睫。2021 年 2 月，中共中央办公厅、国务院办公厅印发了《关于加快推进乡村人才振兴的意见》指出，培养高素质农民队伍，充分利用现有网络教育资源，加强农民在线教育培训，加快培养农村二三产业发展人才，改善农村创业创新生态，加快培养乡村公共服务人才，加快培养乡村治理人才和农业农村科技人才等，为实现乡村振兴提供人才保障。

　　为贯彻落实中央战略部署，提高农民教育培训质量，按照"科教兴农、人才强农、新型职业农民固农"的要求和迫切需要，大力培育一批"懂农业、善经营"的新型职业农民，以做好新型职业农民培育工作、提升教育培训质量为目的，依托北京农学院"以农为本、唯实求新"的办学理念和"厚德笃行、博学尚农"的校训精神，为首都社会经济发展提供了一批高水平科研成果。尤其是北京农学院大学生在校期间不间断的教学实践以及对新媒体电子商务等新型知识传播手段的掌握，更有利于搭建新型农民课程培训体系的专业知识平台。为此，北京农学院国家大学科技园发挥自身的技术资源优势，组织一批国内相关专家学者共同编写了这本《农产品新媒体电商实务教程》，供大学生创新创业和各新型职业农民培育机构开展新型职业农民培训使用，为新农人提供系统、专业的知识培训，为乡村振兴提供内生动力。

　　本教程重点介绍了新媒体营销的相关知识及其应用。分为基础篇和技能篇，从认识新媒体营销、农产品新媒体营销策划、知悉电子商务法律法规等基础知识进行了阐述，让学者掌握新媒体营销的法律法规和基本的操作技能；也对短视频、直播、微信、微博、社群等营销形式进行了详细讲解，让学者掌握实际的动手能力，以期给学者提供借鉴和学习。

本教程由乔富强担任主编，赵春雷、张德富、陈拓、刘振中担任副主编；由陈拓统稿，赵春雷审定，乔富强终审。特别提出的是厦门大学博士生导师张德富教授和学生墨白、谭继；澳门大学科技学院吴珊珊、刘嘉敏、赵清华、李家豪；北京市君都律师事务所齐雪峰、牛正浩；农安云西部运营中心刘春影、张雅楠；北京农学院国家大学科技园詹晓瑞、文友昭、尹安等和益起行文化传媒（北京）有限公司团队，为本教程的编撰工作提出了宝贵的意见和建议，并在百忙之中撰写了部分章节。在此，谨向给予本教程提供帮助的所有朋友们表示最诚挚的感谢。

本教程适用于新型农业经营主体、农村实用人才带头人、家庭农场经营者、农民合作社带头人、农民工、高校毕业生、退役军人、科技人员等、从事新媒体的职业农民学习，既可以作为大学生"双创"和新型职业农民的培训读本，也可以供相关教学人员和基层工作者参考。

本教程编写过程中参考了国内外有关新媒体电子商务和农产品营销学者的研究成果，书中有些数据和案例借鉴了报刊、网络、专业著作和论文，由于时间关系难以一一核对和注明，敬请谅解。在此，谨向学界同行、老师及有关作者致以诚挚的感谢。

由于水平有限，书中难免有不妥之处，敬请广大读者和同行批评指正，以便进一步修订和完善。

编　者

2024 年 2 月

目　录

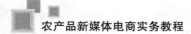

技　能　篇

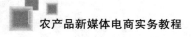

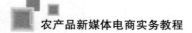

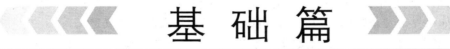

基 础 篇

NONGCHANPIN XINMEITI DIANSHANG SHIWU JIAOCHENG

第1章 认识新媒体营销

1.1 新媒体营销概述

新媒体是相对于报刊、广播、电视等传统媒体而言的一种新的数字和网络技术。新媒体这一概念起源于20世纪中期，戈尔德马克于1967年提出后，美国传播政策总统特别委员会主席罗斯托1969年向时任美国总统尼克松提交的报告中再次提到"新媒体"一词，这一概念由此扩展到全球。

新媒体有一个显著特征，就是在新媒体环境下，信息的传播不再是单向的，每个人既是信息的传播者，又是信息的接收者，没有所谓的"作者—读者"。如果界定"新媒体"的概念，可以从广义和狭义两个角度定义。

广义上，新媒体是以网络数字技术及移动通信技术为基础，利用无线通信网、宽带局域网、卫星及互联网等传播渠道，结合手机、PC（个人计算机）、电视等设备作为输出终端，向用户提供文字图片、语音数据、音频、视频动画等合成信息及服务的新型传播形式与手段的总称。狭义上，新媒体可以理解为通过技术手段改变了信息传送的通道，实现信息载体变化的"新兴媒体"。

在全媒体时代推进媒体大融合大背景下，以内容建设为根本，以先进技术为支撑的网络媒体，其主阵地、移动化和视频的特点日益凸显。从内容端来看，短视频与直播成为佼佼者。2020年，中国网民规模达9.89亿，其中网络直播用户高达6.1亿，而短视频用户规模则达到了8.7亿，短视频网民使用率接近90%。从技术端来看，以5G（第五代移动通信技术）、大数据以及人工智能为代表的新一代信息技术快速发展，万物互联，万物皆自媒体趋势越发明显。

新媒体营销将互联网、新媒体和电子设备的优势结合在一起，通过网络信息和电子设备之间构建交流沟通的桥梁，让客户登陆电商平台直接与电商运营者进行互动，搜索想要购买的物品，最终完成交易。新媒体营销模式能够拓展线上及线下的宣传空间，使企业获得更为广阔的市场，更好地满足客户的购买需求。

1.1.1 新媒体营销的类型

时下较为常见的新媒体营销类型有以下几种：

一是通过微信、QQ 为主的社交平台，发布朋友圈，建立微信群，通过熟人推荐购买或者进行公众号软文植入。

二是网络购物平台，像拼多多、淘宝、京东等，通过拼多多直播、京东直播等方式，或者老客户晒评价、上传体验照片，分享购买感受。

三是在线互动视频平台，如抖音、快手等，可以自己开播，商家一件代发，也可以选择优质主播进行代播。

1.1.2　新媒体营销的优势

(1) 洞察消费者的消费行为，并满足其需求

洞察消费者的消费行为是企业构建新媒体营销网络的起点，通过网络数据挖掘消费者的需求，立足消费者的使用和购买习惯，为其推荐切实所需的产品。企业在进行新媒体营销活动时，在策略的制定上，一是大范围传播，增强消费者认知度；二是了解消费群体的消费习惯、购买需求以及价格敏感度后精准推送，并配以折扣和红包，满足需求、购买产品。

(2) 多屏互联，跨界营销

新媒体营销模式的关键在于整合不同资源的优势，开发出最适合的营销体系。在进行新媒体营销时不容忽视传统媒体在营销中的作用，使二者间保持一种有机、互通的联系，打破线上、线下不同平台间的界限，构建一体化的营销网络。

(3) 挖掘深处价值，创新营销内容

新媒体营销基于平台优势，可以第一时间触达消费者，有好的一面，当然也面临着不利的一面。如果其营销内容未能第一时间激发消费者的购买兴趣，那将被认为是较失败的营销行为。所以，在进行一次新媒体营销活动前，应充分挖掘产品的核心价值，分析消费者的购买需求，设定营销内容的质量标准，传播符合大众审美的、优质的营销内容，为消费者带来消费体验的同时，满足其精神需求。

(4) 提供新的营销模式

新媒体营销的发展，为营销人员提供了一个新的营销模式，为营销信息的传播以及新媒体在企业市场提供了一个崭新的平台。基于新媒体的电商营销，依托互联网的发展，更好地提升企业影响力，提高营销效果，是营销从业者必将选择的道路。

新媒体电商营销的发展，拓宽了广告的创意空间，提供了商家在无数竞争者中脱颖而出的切入口，从而促进了广告业的发展。

(5) 提升消费者的地位

新媒体电商营销显著提升了消费者的地位，传统营销中消费者处于弱势地

位，其需求得不到足够的重视，属于营销环节中无足轻重的一环。然而在新媒体营销模式下，产品资源已经不再是重中之重了，取而代之的是消费者的注意力，形成了以消费者为导向的营销模式。在需求多样化的今天，如何充分获取消费者的注意力成为了营销成功与否的关键。

因此针对消费者形成了一系列相应的产业链以及生态圈，消费者的权益和服务得以不断地升级，典型代表是客服系统的更新换代。

1.2　新媒体营销的发展趋势

1.2.1　新媒体将成未来营销活动主阵地

与传统媒体相比，新媒体双向传播的特点使得用户之间互动性更强，便于及时得到效果反馈。在利用新媒体平台进行营销活动时，有助于建立品牌与用户之间的情感联系，满足客户购买需求，营销达到的效果也更容易评估。且新媒体用户规模不断扩大，覆盖用户主要以消费力强劲的中青年群体为主。新媒体平台的潜在影响力提供了巨大的营销价值，新媒体营销将成为未来营销模式的主流。

1.2.2　新媒体营销广告用户接受度逐渐提高，内容真实性和趣味性将成发展要点

新媒体用户对新媒体营销态度更加宽容。随着新媒体的普及和新媒体案例的增多，用户对于新媒体营销接受度逐渐提升。未来，广告内容的趣味性或将成为其是否能有效传达产品信息以及触达用户的主要因素。另外，客观性也将成为新媒体营销广告的另一关键点，如何在保留真实性的基础上深耕内容创作将是新媒体营销未来的发展方向。

1.2.3　短视频或成未来新媒体营销主流

随着 5G 行业的进一步发展，直播行业和短视频行业或将迎来新的发展良机。在新媒体营销方面，视频展示直观全面，即时性、交互性强的特点与企业营销的目的更加契合。同时，在大数据以及人工智能技术的进一步应用，视频类营销将实现更高的精准性以及互动性，有效提供营销效果。未来，短视频营销有望进一步得到企业青睐，成为新媒体营销主流方式。

1.2.4　新媒体营销行业环境待净化，数据透明化促进市场健康发展

数据、流量是衡量营销效果的核心。然而各种造假行为扰乱了营销效果的评估，数据掺水、流量泡沫的存在使得营销价值衡量过程中容易出现偏差。随

着科技的发展，数据分析过程已经能够成功识别部分数据造假情况，推进新媒体营销相关数据公开透明将有利于市场的健康发展。

1.3　新媒体营销新变革——矩阵营销

1.3.1　矩阵营销的概念

"矩阵"一词最早是由英国数学家凯利提出的。在 19 世纪，"矩阵"只是线性代数的一个基本概念。矩阵营销理论诞生于 21 世纪的中国，它基于中国在互联网经济、共享经济、人工智能、物联网、众筹、产业投资银行、资本运作等商业运营变革浪潮下的众多品牌建设和营销应用问题。在矩阵营销中，指的是多渠道营销。在移动互联网时代，新媒体营销渠道多样化，单一渠道已无法实现品牌推广效益的最大化。新媒体矩阵是多种渠道的组合，以达到目标群体，主要指全媒体布局，包括微信、微博、网站、直播、抖音等。

矩阵营销不是简单的基于企业品牌、战略、推广、团队、运营等工作模块或线上线下渠道的组合，而是把企业经营的几个重要因素和自身优势结合管理、策略、方法、内容、效果的有效整合，建立起立体的网络营销组合，通过实际应用来促进企业的发展，建立有效的运营模式，拓展渠道。

为什么要做新媒体矩阵营销？因为用户注意力不仅仅会停留在某一个媒体上。看微信的人也玩微博，刷抖音，还看头条。所以，只有多个媒体同时宣传，组成矩阵，才能够尽可能全面地覆盖到用户的视野。这也符合营销的特点：用户在哪里，我们就在哪里，我们与用户的距离始终保持紧密联系。

1.3.2　矩阵营销的六大理论模块

营销矩阵可划分为六大独立的理论模块：规划定位系统、营销展示系统、精英团队系统、精准推广系统、数据分析系统和高效转化系统。六版块缺一不可，相辅相成，将企业内外资源整合到营销矩阵中。企业可以通过对营销矩阵系统各环节的检查和改进，完善营销体系，提高实际运营能力，改善自身各方面的经营状况。

（1）定位系统规划

定位系统的规划是通过行业研究确定企业品牌、竞争对手、行业体量、国家政策、自身价值、产品优缺点、服务差异的整体分析。通过分析，形成精确的定位系统，建立公司的业务差异化和独特性。同时，通过精准定位，不仅是行业、人群、品牌，更重要的是建立与目标市场相关的企业战略和行业可持续性的核心价值定位系统。

①卖给谁：规划定位系统的第一个要素是消费者定位。因为消费者的需求

就是产品的市场容量。商业流通就是提供产品卖给需要的人。通过市场分析和研究，可以获得某一产品的市场规模和消费潜力，预测项目运行的投入和产出，确立项目的可行性。根据项目的可行性进行后续规划和定位。

消费者定位意味着向谁销售产品。无论是卖给中产阶级，还是高精尖群体，或儿童、成人、老年群体，不同的消费群体都会有不同的品牌、产品、价格、促销等方面的市场布局和营销策略。

②卖什么：了解了目标人群后，当然也需要了解产品特点，寻找产品与目标消费群的关联，深入目标消费群的日常生活场景和消费习性，挖掘消费群的核心痛点和潜在需求，通过企业的品牌塑造和产品的价值塑造，建立企业品牌和消费者之间的关联性和共鸣，让品牌在消费者心目中拥有一定影响力。

所以，定位首要的是分析卖给谁，然后根据客户群体特性和产品的内容，挖掘产品特点，针对性设计和包装产品的核心价值，提炼形成有差异化的独特卖点，并建立有人文情怀和精神价值的品牌核心灵魂。

③怎么卖：产品确定有市场并被赋予更高的价值意义后，在正式对外宣传前，应进行进一步包装。在建立品牌视觉体系的同时，要建立准确统一的宣传设计、销售方式和话术、符合产品特点和企业基调的外部品牌应用体系、促销策略和价格策略。所有的产品都要有销售策略，比如高价、低价或免费，卖价值，卖品牌，卖差异，卖性价比，如果是免费，那肯定不是终身免费，只是早期以免费为入口，吸引客户的注意力，同时通过品牌体系的渗透，对行业、产品、品牌和消费者建立起长期有效的关系和黏性的、阶段性的市场策略销售结果转换。

同时，根据企业经营重点，合理配置企业现有资源，构建企业长期竞争优势，塑造企业核心竞争力，与竞争对手建立竞争壁垒，扩大企业的行业话语权和产品定价权。

④商业模式：企业在经营主营业务的基础上，还要与合作伙伴、客户、渠道、企业部门建立完善的双赢贸易关系和联系模式，形成长期可持续发展的盈利模式。

商业模式的十大要素包括价值主张、消费者目标群体、分销渠道、客户关系、价值分配、核心竞争力、价值链、成本结构、收入模式、裂变模式。一个好的商业模式可以帮助企业在不同阶段实现商业利润和资本利润，获得发展资金。

商业模式与时代的发展息息相关。在传统时代、互联网时代乃至当下最流行的区块链技术时代，每个时代都诞生了许多完全不同的创新商业模式，引领世界经济。但是，创业者在做商业计划融资时，更应该关注企业的发展空间、核心竞争力、客户价值、盈利模式等具体的量化价值，而不是陷入创新商业模式的风口。

　　（2）营销展示系统

　　销售渠道及营销体系的建立需要系统的营销展示系统，通过 5 个维度向消费者全方位地展示产品价值、提升销售力和黏性，从而提高品牌认知度和市场份额。

　　①引导力：引导力是引导消费者发现并关注自己产品的一系列策略和方法。在定位规划的基础上，在产品的主要销售渠道或销售平台上，构建一套能够吸引消费者注意力，并使消费者产生购买或认知的导向力体系，可以是口号、内容、文化、价值、设计，甚至成为一种习惯。

　　引导力系统以差异化、准确性、吸引力、强黏性、有效性为主要标准，注重在短时间内快速吸引目标消费群体的注意力、认知、购买直至跟随。

　　②展示力：展示力就是如何把最美好的东西展现出来。就像相亲前要化妆一样，融资前要美化整改，销售前要系统化包装，用各种方式展示能打动众人的最佳面。

　　展示力以视觉作为第一要素，即通过表现形式来吸引目标消费群体的核心卖点。因此，在制定对外宣传内容时，需要详细、清晰、全面地说明自己的核心优势和最大价值。展示力还包括一个完整统一的终端视觉系统，以及一个符合品牌基调的服务系统给消费者的感受，可通过文字、图片、视频、H5 小程序等不同载体呈现。

　　③说服力：在直接促销的过程中，人的作用更为重要。销售要巧妙地运用各种能力促使消费者购买。销售可直接作用于人的五感系统（视觉、听觉、味觉、嗅觉、触觉），进而间接影响人的潜意识和意识，影响人的心理和思想，获得消费者的信任，以引导消费者进行产品体验和购买。因此，有针对性的终端销售培训及话术统一至关重要。

　　④公信力：要做业务和产品销售，还必须让自己的业务得到公众的认可。企业在做宣传时，不仅要说产品好、品牌好，还要有公益服务、社会活动，第三方权威媒体、名人、行业领袖、评级机构等，创造积极的影响力。

　　因此，公信力就是通过互联网上的视觉营销，消费者可以搜索到很多关于某公司和其产品的正面宣传，可以是关于文化、思想、价值观、产品和社会正能量。

　　⑤推广力：推广力即面向市场说话，在明确产品核心内容和战略要点的基础上，还要形成核心内容与市场的相关性，形成强大的营销潜力。还有促销策略、媒体的选择、渠道的选择、价格的设定、终端形式的建立必须都符合公司的品牌和产品的定位，以最小的投入获得最大的推广效果。

　　（3）精英团队系统

　　人是企业的核心，精英团队系统就是打造有价值的员工与团队。同时涉及运营管理4个维度：招聘、培养、留用、开除。在有效培养团队专业精神的同时，也要兼顾其管理成长。

①职位结构：构建精英团队，首先要在企业发展战略的不同阶段规划企业的职位结构，明确企业需要招聘什么样的技能人才去实现经营目标，给什么样的薪资，招聘多少人来配合企业做这些事情。结构确定后，分阶段进行招聘，需针对不同的岗位进行招聘。

②激励政策：有效的激励政策可以激发员工的积极性，能最大限度地提高他们的工作效率。通过各种有效的方法，根据对员工的各种需要予以不同程度的满足或者限制，激发员工的需要、动机、愿望，让员工形成特定的目标并在追求目标的过程中保持高昂的情绪和持续的积极状态，充分挖掘潜力，实现目标。

③流程KPI：企业运营管理需要技巧，KPI（关键绩效指标）作为衡量各个岗位绩效的指标，衡量内容最终取决于企业的战略目标。选取关系到企业或团队业绩最重要的几个指标，分解到各个职能部门乃至到人，再根据指标内容对企业、团队或个人进行考核。

④培训：每一个人都是一个不同的个体。员工加入企业不仅仅是做以往已知的工作事务，除了获得基本的工作实践获取对应报酬，更多的希望自我多维度提升。精英团队系统的培训，是为了帮助员工更深入地融入企业，实现快速成长，提升对企业的归属感和忠诚度。

⑤招聘管理：企业招聘环节是一个非常重要的环节，要做好招聘管理工作，就要通过外部招聘渠道的打通，自身品牌的树立，吸引更多的优秀人才。同时，招聘要有前瞻性的思考和战略规划，做好人力资源储备，这样才能在人员离职和缺失时，迅速地填补空缺，发挥其作用。传统的人力资源管理更多的是招聘人，这是一个非常立体、系统的工作，唯有品牌的建立和体系化的建设，管理才能有时效性。

（4）精准推广系统

精准推广体系是对目标群体进行精准分析和定位后，有针对性、精准的推广执行体系。

精准推广体系的核心是精准。互联网时代的推广方式有很多种，包括但不限于问答营销、事件营销、微信营销、视频营销、百科营销、邮件营销、论坛营销、微博营销、新闻营销、媒体营销、竞价营销、搜索引擎营销、软文营销等。如何选择推广渠道，如何制定有针对性的推广策略和表现形式，如何具体地落实推广工作，是企业面临的共同问题。

每个平台都有自己独特的属性和行业。推广渠道的选择主要取决于平台内容与品牌内容是否匹配。如果匹配，则需要从网站权重、流量、粉丝黏性、转化率等几个方面进一步分析最具成本效益的推广渠道。

（5）高效转化系统

高效转化系统是将通过各种平台、各种方式导入的流量转化为真实购买力，实现高效的营销效果。

有了平台，有了内容，有了方法，如何让消费者频繁购买，如何让消费者感受到服务质量、品牌影响力、产品竞争力、核心优势，认可企业的品牌价值，形成强大的黏性是最难的。可以将促进销售转化的能力分为两个方面，一是消费者直观感受到的销售力，包括品牌、概念、产品、服务；二是通过移动营销策略提高销售队伍，包括话术、流程、工具、方法等。

品牌、产品、服务和口碑都是直接影响消费者是否购买的因素。企业应在前期定位策划、营销展示和精英团队阶段进行系统安排，以达到最终目的。

高效转化还可以通过话术引导消费者参与，激发消费者购买欲望。合理而有针对性的营销策略制定的销售过程，也可以使销售更加有效。这个流程制定要根据产品和价格区间来规划，价格较高的产品决策考虑范围更广，在销售流程制定上需要在早期阶段采取更全面的方法解释产品，低价产品适合缩短介绍，强调重点和核心的差异化。工具性方面强调的是平台，除了线下渠道以外，线上也可以通过微店、微商、淘宝等销售渠道提升销售转化率。

（6）数据分析系统

数据分析系统，是精准推广系统的后端分析有成效的标准，它分析促销活动捕捉到的有效数据和有效客户，形成销售转换甚至二次购买。同时，进行用户行为分析等一系列内容会反过来指导推广工作的优化。

①数据统计：从准确推广中获得的所有数据都必须首先进行统计。这里的统计数据包括各渠道和平台的流量、推广质量、转化率、互动率、交易量等。

目标客户互动信息可通过多种渠道及平台自身数据统计系统获取。例如，消费者在淘宝上购买了一件商品后，淘宝平台会在你下次打开时向你推送与之前购买的商品相似或你感兴趣的商品。这是数据分析的结果。分析结果取决于抓取你的购买行为、轨迹、年龄、时间段、频次，主要购买品类，市场分析，投放渠道，占有率等，包括通过每个电脑里面的 COOKIES［网络饼干（网络或互联网使用者发给中央服务器信息的计算机文件）］，这些内容能够有针对性地去分析和采集目标人群访问了多少频次、访问内容以及转化结果。抖音的算法也是如此，根据用户点击喜欢的视频类型，以及用户在每个视频的停留时间，判断用户的喜好，下次即推送类似视频。

②转化分析：进一步分析统计数据，按不同维度对各个渠道的结果进行排序，分析各个渠道的特点，评估各个渠道的实际运营程度以及是否达到目标的转化效率，对比同渠道其他竞争者运作成果，制定后续渠道运作策略。确定重

点销售渠道（投钱做销售）、口碑运作渠道（无成本或低成本投入，只做宣传互动）、试点销售渠道（低投入试销售）以及转化不良可以取消运作的渠道等。

③运营改进：根据转化分析结果，找出存在的问题，制定后续销售运营策略，实施运营改进计划，形成二次优化。此外，对内外部数据和现有数据进行统计对比分析，为未来的市场布局、营销推广、品牌推广和产品推广提供参考依据，有利于提高品牌和产品的竞争力、准确性和有效性。

1.3.3　矩阵营销的特点

建立纵横交错的营销网络，可以从各个平台获取到更多的客源，会使单个农户的农产品推广得到极大的促进，个别农户不再囿于自身的局限而丧失农产品推广的契机。社交自媒体的传播功能使得农户个体的自发宣传成为可能，一旦农户自己建立了功能齐全的矩阵营销，自身农产品的销售渠道将随之打开，源源不断的订单将会使得个体农产品的滞销成为历史。

第 2 章　农产品新媒体营销策划

　　随着互联网基础设施的逐渐完善，农村地区的网络覆盖率大幅提升，为农产品的新媒体营销提供了内生动力。但是由于农产品的特殊性，例如农产品种植的季节性、运输的时效性、产品的分级与标准化等问题，使农产品的线上推广与销售存在诸多难题。互联网已经成为一种不可阻挡的潮流进入人们生产生活的方方面面，为农产品营销提供了一条有效的途径，需要已经从事或者即将从事农产品线上营销者，打破思维定式，掌握新媒体营销的方式和技巧，推动我国农产品的发展迈上新台阶。

2.1　农产品的产品策划

2.1.1　产品策划分类

　　产品是企业的生命，产品可确保企业创造社会价值，满足自身利益。不合格的产品会给企业造成巨大的损失。中国每年都会推出数以千计的新产品，同时也有很多产品正在从市场上消失。为什么优质的产品太少？究其原因，是因为产品策划人才的匮乏，缺少严谨、科学的产品策划。有效的产品策划可将企业的产品推向市场，取得成功，但糟糕的产品策划则会让企业付出很多代价。

　　产品策划可以分为两类：

　　一是产品研发规划。以市场需求为主，形成以细分市场为基础的产品研发系统，拓展新的增长点。

　　二是产品营销策划。即策划顺畅的销售渠道、持续的销售趋势，并保持理想的价格。简而言之，就是如何有效地销售产品，同时在销售过程中重塑品牌形象。

2.1.2　产品策划的主要内容和程序

（1）做好市场调研

　　市场调研旨在了解客户需求、竞争条件和市场力量，最终目标是要改造和创新产品，发现更多潜在机会。市场调研可以通过以下几种方式进行。

11

第一，受众分析。与用户和潜在用户进行分析和沟通，了解年龄、教育程度、家庭、收入、消费行为、习惯、文化、喜好等针对性开发能满足用户需求的产品。

第二，与从事销售、客服、技术支持等直接面对客户的一线同事沟通，深度了解用户和市场痛点。

第三，调查市场，参考公开的分析报告和文章。参考行业领袖和专家撰写的行业分析报告和文章，通过学习这些见解，少走弯路。

第四，使用竞争产品。调查竞争对手及其相应的产品，通过使用对标竞品，清晰地了解竞品的产品特色、方向、功能及其营销策略。只有通过对竞争产品的综合分析，才能设计出具有市场竞争力的产品。知己知彼，百战不殆。

第五，创建产品策略和需求文档。经过调研，组织和分析数据，总结和创建商业机会、产品策略或需求文档。

（2）完成产品定义和设计

产品定义是确定产品需要做什么。这通常由产品需求文档解释。该文档通常包含产品前景、目标市场、竞争分析、详细的产品功能描述、产品功能优先级、产品用例、系统要求和性能要求等信息。

产品设计是指考虑到用户动机、特性和触发点的产品外观设计，包括用户界面设计、包装设计和包含用户体验各个部分的用户交互设计。产品设计是产品经理的一项基本技能。产品设计质量与用户体验直接相关，会直接影响销量。

（3）协调管理产品开发

根据产品需求和设计进行产品开发，协调各部门人员配合，在项目预算内按时开发和发布产品。这项工作包括以下内容：

第一，保证资金、人员、场地、媒体等资源投入。

第二，制订开发计划，包括准备、任务排序、时间限制设置、关键组的更多时间和资源分配、风险防范计划、沟通计划等。

第三，按照计划跟踪产品的进度。进度跟踪是整个产品计划的重要组成部分。产品经理及时收集项目进度信息，了解项目的进展情况，制定项目计划，定期跟踪和更新进度。找到最佳的解决方案，以确保整个计划顺利进行。

第四，辨析和确定关键路径。关键路径决定了整个项目的完成时间，确定了整个项目活动或任务的配置。

第五，突出产品亮点，突出与竞品的差异、优势和特点。

第六，根据需要申请额外投资。项目实施过程中，因不可预见的情况需要追加投资，以确保项目进展顺利。

第七，向上级反馈项目进展情况，以便根据项目进展做出决策。

对于特定规模的公司，技术总监通盘负责大部分的产品开发管理，而在初创企业和小型企业中，则需要产品经理经常参与协调和管理整个流程。

（4）产品上市前的准备工作

①产品测试：在产品开发初期，组织协调相关人员进行测试及完善产品。

②产品推广：内、外部有针对性地展开沟通及宣传产品。

③产品的相关使用文档：通常包括产品册、网站、Flash 演示文稿、专题、媒体、展会等。

④用户反馈和产品改进：产品通常会经历概念化、发布、成熟、改进等过程。在整个周期中，产品经理必须不断收集用户信息，进行产品协调和调度，直到新一轮的产品规划。新产品规划包括产品定位、产品定价和销售、产品管理、竞争战略、产品使用反馈和产品改进。

2.2 农产品营销策划

2.2.1 农产品市场定位策略

农产品市场定位战略是指农产品生产经营者根据目标市场的综合条件确定竞争原则。农产品市场定位战略主要分为 3 种类型："针锋相对"策略、"查遗补缺"策略和"独辟蹊径"策略。

2.2.2 农产品营销策略

营销策略的要素包括产品、价格、分销和促销。英文缩写以字母 P 开头，因此常被称为 4P 组合策略。

产品：优质的产品或服务

价格：有竞争力的价格

位置：便利的位置和分销渠道

促销：强力促销

（1）产品策略

产品的整体概念和层次结构如下。

①产品的整体概念：在交换商品的过程中，能交换和接受的一切有形和无形的东西都是产品。对于零售商和批发商而言，产品是指性能、价格和消费者需求相似的一类商品。

产品是由很多元素组成，还包括与产品或服务本身相关的其他属性，如产品质量、包装、商标、售后服务和承诺等。

②整体产品分类：一是核心产品。这是指产品能提供给消费者的基本实用性和功能性。从经济学角度分析，主要包括商品本身所具备的实用价值和商品

在使用过程中能够满足人的某种需求，从而使人们产生购买欲望，并愿意为之支付一定的费用。比如人们买米、面、油、肉、蛋、奶和蔬菜用于制作食物，以满足一日三餐的需要。二是正式产品。正式产品是指实现产品的形状性状。例如，市民在购买米、面、油、肉、蛋、奶、蔬菜时，还要考虑质量、品质、特色和品牌。三是扩展产品。这是消费者在使用产品过程中获得的额外好处。例如，人们购买大米、面粉、油、肉、蛋、牛奶和蔬菜，能获得免费送货、有品质保障和服务保障等。

营销人员需要制定正确的产品开发策略，建立整体的产品理念并有效实施。

③农产品综合开发：一是核心产品开发。核心产品是能够满足消费者对营养成分、口味、颜色、重量和品种等使用价值的需求，需要让消费者真正获得可以解决的核心利益。这些因素都会对消费者产生直接或间接的影响，从而导致购买行为发生变化。二是实际产品开发。实际产品是围绕核心产品形成并销售给消费者的产品实体。还包括包装、商标、品牌、质量标准、生产日期、保质期等。只有保证产品质量，不断改进，产品才能具有竞争力，才能更好地满足消费者的需求。我国农业发展滞后的客观原因取决于产品的特性。主观原因是农产品的实体开发一直被生产者和经营者所忽视。随着买方市场的形成，消费者对产品的需求将会增加，农产品经营需要改变传统观念。首先是着力发展农产品包装，美化农产品外观，实行多层次、多规格的包装，其次是开展产品商标注册，加强品牌宣传，然后是规范生产，发展绿色有机生态农产品，提升产品品质，打造优质品牌。三是延展产品开发。围绕核心和实体产品拓展产品开发，包括服务、支付方式、承诺、消费跟踪引导等。遵循产品的市场和生命周期，重视并积极开发新产品。

（2）定价策略

①了解农产品价格波动规律，灵活定价：针对农产品价格波动大、区域差异大、价格低等特性，可以从农产品价格的季节性变化规律和农产品价格的周期性波动方面定期跟踪。

一是季节性变化规律。农产品价格的季节性变化规律主要由农产品的季节性生产方式决定。受季节影响，不同的季节生产不同的农产品。各种农林、畜牧、渔业产品生产，大多呈现季节性变化。

农业生产的季节性与农产品消费的常年性，导致农产品价格随季节变化。生产者应提高农业生产技术含量，不断培育新品种，改进生产技术，改善储藏条件，调整农产品上市时间，取得良好的经济效益。

二是周期性变化规律。农业生产和收获的周期性，决定了农产品价格变化的周期性。农产品价格的循环变化是市场价格变化引起的需求变化。

②基于定价目标的目标定价：定价目标是定价的主要目的，是确定定价策略和方法的依据。

一是争取生存。在激烈的市场竞争中，如果主要目标是生存，利润就不那么重要了。降低产品价格，覆盖成本，即可生存。

二是利润最大化。推出新产品的价格应该让消费者感受物超所值。因此，随着市场规模的缩小，需要降低产品价格以吸引对价格敏感的消费者。

三是以销售增长最大化为目标。单价越低，销量越高，利润越高。以低价策略实现销售增长最大化。

四是提高优质产品的价格。知名品牌产品质量过硬，售后服务完善，虽然价格略高但不影响它对消费者的吸引力，从而产生可观的经济效益。

五是以市场份额为目标。在竞争激烈的市场中，有时必须做出一些价格牺牲，适当降低利润率，才能在竞争中获得市场份额。

六是以适应竞争为目标。在制定价格之前，收集大量数据，分析、比对竞品，以竞品价格作为定价参考和依据。

七是以稳定价格为目标。处于行业领先地位并影响市场价格的产品，有时会采取保持价格稳定的做法，以求稳定生产，保有市场。

（3）分销渠道策略

①分销渠道结构：根据产品从生产者到消费者的各个环节，产品分销渠道一般可分为三种常规的分销渠道结构。一是生产者→消费者；二是生产者→零售商→消费者；三是生产者→批发商→零售商→消费者。

②分销渠道选择策略

一是集约化的分销渠道策略。生产者选择更多的中间商和广泛销售产品的策略可以扩大市场，使消费者更容易购买。

二是选择性分销渠道策略。在特定地区或市场，生产者有选择地确定少数中间商销售产品。此策略适用于销售名牌产品，有助于调动积极性，建立更紧密的业务关系。

三是独家分销渠道策略。制造商仅使用信誉良好的批发商或零售商在特定市场销售其产品，这种策略可以减少对中间商和分销商的依赖，同时提高了产品销量，使企业获得更多利润，此策略主要用于高端加工产品或新产品试销。

③产品开发协调与管理：根据产品需求和设计实施产品开发，主要由厦大研究生负责开发，费用很低，但是开发时间长，开发经验不足。

④产品上线前的准备

一是产品测试。产品开发后，先上传至平台进行内部测试发现问题，解决这些问题后，使产品得到改进和完善。

二是产品宣介。产品上线后，需要投入资金用于在线广告，对产品进行推广。

⑤产品的用户反馈和改进：产品上线后，根据市场的需要以及用户的反馈，对产品进行不断改进和完善。

2.3 农产品品牌营销

2.3.1 品牌的概念

"品牌"从广义上讲是一种具有经济价值的无形资产，代表了在人的意识中占据特定位置的、抽象的、独特的和可识别的心智概念。品牌建设是长期的。狭义的"品牌"是一种内部或外部的"标准"或"规则"。它指企业对自身产品（服务）进行命名、设计、生产和销售等一系列活动而形成的名称、标识或者声誉。品牌建设就是要让消费者记住某个品牌并愿意购买该品牌。通过规范的、标准化的概念、行为、听觉、视觉、听觉，使其变得独特和有价值。在《市场营销学》中，现代营销学之父科特勒将品牌定义为卖方长期向买方提供的一系列特定特征、利益和服务。品牌是能够给拥有者带来溢价和附加值的无形资产。

2.3.2 农产品品牌营销策略

农业电商产业的快速发展，为农产品的崛起和壮大开辟了新途径。淘宝、拼多多等电商平台与农村的互动，催生了农业农村电商新业态，为乡村振兴注入强大活力。但农产品同质化、竞争加剧、交易难、运营成本低等问题也逐渐显现。

大多数乡镇企业没有明确的产品品牌营销战略规划或有针对性的品牌建设计划。由于地理环境和历史文化的差异，中国大多数地区都销售来自国内外知名地区的产品。然而，许多知名产品并没有显现出应有的品牌效应。这类品牌营销基本停留在初级阶段，品牌并没有创造足够的品牌价值，消费者对产品价格的认知远远超过品牌认知。如遇价格冲击，市场将迅速回落。品牌弱化是行业普遍存在的现象，这也为寻求拓展市场的农业企业提供了机遇。强势品牌一旦建立，就会成为市场竞争的主导者，对未来市场竞争形成强大壁垒。

（1）过硬的品质基础

在农业产业化品牌建设过程中，质量是品牌建设的基础。互联网时代因信息透明化，更需要企业树立强烈的品牌质量观。在进口消费占主导地位的产品体系中，品质一直是消费者关注的重点。当品质与品牌认知相同，品牌建设的基础才更扎实。

（2）专业市场开发方向

新生代消费群体对品牌的反向定位趋势显著，主张自己的核心消费需求。普通的无特色的品牌定位无法吸引更专业的消费者。消费者对常规全能通用品牌的兴趣下降，而专业独特、定位垂直的品牌形象会更吸引消费者注意力。因此，企业需要找到合适的细分市场，实现精准的市场定位，以特定的方式成为满足目标消费群体需求的专业形象，形成专业的品牌定位。

（3）完善的品牌营销计划

品牌创建必须来自消费者和强有力的营销实践。品牌可以强化营销执行力，提升营销业绩。在品牌建设过程中，需要制定科学有效的品牌营销工具。

（4）递进式用户体验

超强体验是品牌成功的关键，为消费者带来价值。企业应创建品牌化的消费体验，探索品牌消费体验的要素以及能够形成消费价值的消费体验。

随着市场竞争的加剧，农产品营销只有升级营销模式，积极探索创新营销，采取适合农产品促销的营销策略，助力农业品牌打造营销工具，才能推动农产品品牌建设，使其立于不败之地。

2.3.3　农产品品牌化路径

（1）不要用传统思维做新媒体电商

多数农产品新媒体电商仍在用传统农业思维搭建平台，吸引流量，实现购买力。消费者在网上购买农产品，更看重的是农产品的健康安全和特色。农产品电商必须要有自己独特的营销理念与推广策略，例如，电商品牌策划需要做产品背后的品牌故事，生产者在种植过程中的感受和体验，才是消费者关注的焦点。

（2）做出自己的特色

农产品新媒体电商市场仍处于培育阶段，电商产业如何吸引流量和变现？年轻人是流通消费市场的主导，他们追求个性化的产品体验，喜欢新鲜、有特色、高品质的产品。因此，满足客群健康、时尚的消费理念，才是农产品电商品牌策划的趋势和方向。

（3）"电"离不开"商"

有些农产品新媒体电商在营销上下足了功夫，销量上去了，但产品质量和售后服务没有跟上，前功尽弃。只有"电""商"融合，把互联网思维融入传统农业中去，以高品质产品和服务为目标才是王道。

2.3.4 农产品品牌策划助推产品销售

(1) 品类丰富

在保障供应充足稳定的前提下，丰富供给品类可以满足消费需求，形成一站式采购闭环。农产品品牌策划可以丰富农产品品种，根据共性或特性组合进行捆绑销售，既能刺激消费购买力，同时也提高产品流通率，塑造品牌形象。

(2) 营销策划

推出各类主题营销和促销计划，贯穿品牌营销周期，紧密连接产品生命线。

(3) 渠道扩大

通过结合传统渠道和新媒体营销，线上线下立体推广，多渠道实现立体营销。

(4) 卖点亮化

深挖农产品区域文化及产品特质，打造独特卖点，亮化核心属性，做大做强，带动农产品销量和价格提升，提质增效。

案例分析

一、农夫果园

一对身着沙滩装的父子在一家饮料店前购买了两瓶饮料，正准备喝时，忽然看见农夫果园的宣传画上写着"农夫果园，喝前摇一摇"，于是父子俩举起双手，滑稽而又可爱地扭动起身体。美丽的售货小姐满脸疑惑地看着他俩。

广播中不停地传出：农夫果园由3种水果调制而成，喝前摇一摇。

（远景）两个继续扭动屁股的父子走远。

农夫果园的广告词——农夫果园，喝前摇一摇，让喝饮料的顾客有了全新的体验感，充满了仪式感。一个简单的动作，完成了用户与品牌之间的互动，同时实现了果汁产品与其他品牌之间的差异化竞争，以一个动作"摇一摇"作为其独特的品牌识别。

农夫果园的果汁由3种水果调制而成，需要喝前摇一摇。"摇一摇"一方面最形象直观地暗示消费者这是由3种水果调制而成，摇一摇可以使口味统一。另一方面，巧妙地传达了果汁含量高——因为我的果汁含量高，摇一摇可以将沉落瓶底的果肉摇匀。"摇一摇"的背后潜台词就是"我有货"。

事实上，一些果汁或口服液，都在说明里有提示，"喝前要摇匀，效果会更好"。而农夫果园，却把这个提示包装成一句绝妙的广告语，让

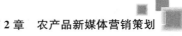

"喝前摇一摇"变成了一个独特的卖点。"摇一摇"的概念也使得农夫果园的果汁宣传诉求与同类产品迥然不同,以其独有的趣味性、娱乐性,形成独有的品牌记忆。

二、我知盘中餐

一方面,唐朝诗人李绅写下的著名诗篇《悯农》:"春种一粒粟,秋收万颗子。四海无闲田,农夫犹饿死。锄禾日当午,汗滴禾下土。谁知盘中餐,粒粒皆辛苦。"形象地描述了农民面朝黄土背朝天的辛苦,一粥一饭,当思来之不易。另一方面,食品不安全导致的危害,让人们刻骨铭心。随着人们生活水平的提高,对食品安全也越来越重视。如何保证食品安全,做到食品安全溯源,是整个国家和社会都关注的话题。

"我知盘中餐"这个品牌,"我知"意味着大家知道盘子里的东西是安全放心可追溯的,看到"我知盘中餐",就会想起"粒粒皆辛苦",农民是不容易的,我们要珍惜粮食。

虽然"我知盘中餐"没有打广告,但是消费者一看到这个名字就会记住,因为这个名字已经深入人心。

2.4 农产品包装

2.4.1 农产品包装的概念

农产品包装是指在农产品采摘、运输、储存、销售等流通过程中,为了保护农产品、方便储存、保持品质、促进销售,按一定技术方法而采用容器、材料和辅助物对农产品所附的装饰的总称。农产品包装不仅有利于保证农产品不受污染、产品质量保鲜和方便流通,而且能够很好地保护农产品的仓储者、运输者、销售者和消费者的合法权益。

农产品包装,是消费者对农产品的视觉体验,更是产品特性的直接表达和产品价值观的主要传递载体,是企业或生产主体形象定位的直接表现。好的农产品包装设计是企业创造利润的重要手段之一。做到策略定位准确、人群画像精准、符合消费者心理的农产品包装设计,能帮助企业在众多竞争品牌中脱颖而出,并使企业和产品赢得了"可靠"的声誉,通过产品的信用建立企业品牌。

农产品包装设计应具有建立品牌认知的行销作用,也就是利用包装设计呈现品牌讯息,建立品牌识别,使消费者知道商品的品牌名称、属性、内涵及品质承诺进而建立农产品品牌形象。在品牌知识的架构中,亦将产品的包装视为是品牌形象联想的来源之一,所谓人靠衣装马靠鞍,产品靠包装。

2.4.2 农产品包装的重要性

现代社会的生活节奏不断加快，消费者对农产品的关注时间非常短暂，必须抓住消费者的眼光从货架扫过的一瞬间。包装要能够综合利用颜色、造型、材料等元素，同时表现出产品、品牌等企业的内涵和信息，突出产品与消费者的利益共同点，对消费者形成较直观的冲击，进而影响到消费者对农产品和生产者的印象，达到产品醒目地摆在货架上，有效地完成吸引消费者的目的。产品的包装首先是表现出销售力，承担着吸引消费者的主要功能；其次是包装的成本原则，性价比要最优；再次是产品包装的质量和材质的优化，要有利于储存、保鲜、运输等环节，以保证到达消费者手中时完好无损。

产品包装作为一个品牌的外在表现，是企业希望自己的品牌带给消费者的一种感觉。它所产生的差异以及由此而表现出的"品牌特征"，使其成为吸引消费者的主导因素。包装所承载的物质价值与精神诉求就是消费者购买产品的原动力，对包装所代表的品牌要在头脑中形成一个烙印，充分表现出品牌的内涵。假如没有内涵或者是内涵不突出，消费者听到或看到包装没有产生联想，就使品牌成为无木之春。

随着国家乡村振兴战略的实施，各具特色的农产品不断涌现，同品不同质的农产品大量涌向市场，这对农产品包装设计本身也提出了新的挑战和需求。要让自己的农产品在众多同类产品中脱颖而出就需要不断地提升包装理念。从产地地理特征及地域文化所造就的农产品为核心特点，体现到农产品包装内涵、塑造品牌形象、弘扬品牌文化和形成营销理念等方面，阐述包装在农产品生产过程中及触达消费者时的重要性，以及包装在营销策略中举足轻重的地位。包装应当贯穿于农产品的采收、加工、包装、仓储、保鲜、物流、交付等全过程，包装既是影响销售的前提，也是决定销售能否成功的关键。

农产品包装的重要性体现在几个方面。

（1）能够构建良好的视觉体验

通过艺术的渲染能够把产品包装设计得更符合消费者的喜好，使美学的应用贯穿视觉体验全过程，让消费者产生愉悦的心理感受。

（2）能够树立良好的农产品品牌形象

通过精心设计的产品包装能够快速高效地把品牌形象展现在消费者面前，植入消费意识中，形成品牌忠诚度。

（3）能够保护农产品以最好的形态送达消费终端

优秀的产品包装，会使农产品在仓储、物流、搬运、保鲜等各个环节中受到保护而不被损坏。

（4）能够传达农产品价值

好的包装能传达出产品的价值主张及产品的基本属性。

2.4.3　农产品包装设计流程

农产品包装设计方案在启动之前，应作为一个项目来统筹安排，而不是人们常规意识中，设计一个漂亮的图案加上行业通用的农产品的包装形式，是需要通过一个设计流程来完成农产品的包装设计。

（1）前期市场调研

农产品包装设计是一项科学、严谨、重复的系统操作，需要全方位的考虑。掌握农产品设计和包装的全过程，有利于掌握正确的设计方法，也是实现有效设计的关键因素，所以前期市场调研特别重要。市场调研是有目的地收集与农产品相关的资料，它包括收集同类型农产品资料、资料整理、数据分析 3 个阶段，做到了解行业现状，根据客户需求和产品差异化来定位。

（2）调研结果分析

根据市场调研的结果，需要设计师根据市场调研和数据分析判断设计思路。设计分析的工作包括提出图形、色彩、文字、材料、规格、大小和成本的综合概念，确定实现设计所需的具体技术和要求，预测农产品包装的最终表现效果，以及产品投放市场后的市场效应、适用人群、年龄阶段等用户画像。

（3）包装设计阶段

①初步设计：初步设计阶段是快速构思和表达各种创意方案的阶段，即试图从不同的角度和层次为设计对象制定各种可能的初步设计方案（一般来说制定 3～5 套方案供筛选定位），每套方案应包含包装用材、材料成本、包装容量的规格、包装物的尺寸、物流成本测算、方案表达的文化内涵、优缺点对比、生产周期、保存条件、创新性等方面。

②深度设计：在这个阶段需处理和解决两个问题，一是在深入探讨设计理念与设计素描的一致性的基础上，从创意、艺术、文化、美学等层面对初步设计的素描进行筛选，选择具有代表性的素描；二是所选草图应进一步设计以产生初始效果图。

③设计定稿：这一阶段要求将前期选择的最佳方案，通过适当的表现手法，使之完美准确地表现出来，并围绕主体进行再设计。要符合行业现状，符合企业文化理念，符合市场监督管理部门的要求。

④材质定位：根据设计所表达的内涵，结合农产品包装材料的材质、成本、环保性、适宜性等方面与产品包装所表达的属性进行匹配。

（4）市场测试阶段

①推广：在此阶段，设计师将对最终的方案进行包装和打印，评估技术和

技术的可行性，并测试其形状、颜色、环境和流行趋势的一致性，再将其投放市场进行试销。

②维护：此阶段应当观察市场变化，时时更新，做到与时俱进，迎合市场需要。

2.4.4 农产品包装的独特性

产品包装是农产品与消费者见面的第一道屏障，独特的产品包装能够在第一时间拉近农产品与消费者的距离，让消费者产生强烈的购买愿望。

（1）挖掘产品的卖点，找出独特的品种和品质特点：利用科技创新、知识产权、功能独特、环境优势、品种优势、消费痛点等独特的卖点，给农产品包装设计提供方向和内涵。

（2）挖掘产品和企业的品牌故事：利用创始人的创业过程，产品面市的缘起、历史传承、产品的经历等，让产品在包装设计过程中产生联想。

（3）表达独特性：通过竞业调查，找出农产品与同类产品的差异性，用包装形式和包装设计的差异性来表达农产品的独特性。

2.4.5 农产品包装的材质类型

（1）纸质包装

①优点：可回收旧包装品避免造成环境污染；可塑性强，能根据产品和设计需要做成各种异型包装盒、罐、袋、包等，以便表达品牌内涵和价值。

②缺点：纸质包装品对储藏环境有要求，需要防潮、防雨淋、防日晒，因为有特种纸成本较高，低端纸强度低的特性。推荐使用环保再生纸，利于资源循环利用。

（2）塑料包装

①优点：可循环利用，对储藏环境要求不高，资源可回收且成本不高。包装样式可塑性强。

②缺点：一次性制作量比较大，占压资金，材质种类多；根据农产品的特点，在做农产品包装时应选择适宜的、性价比高的塑料材质。塑料类材质分为PE、PET、PP、HDPE、LDPE、PS、PVC、PC、BOPP、CPP等。

（3）泡沫包装

①优点：质轻、环保，具有吸收冲击载荷的能力、隔热性能好、抗老化、耐腐蚀等性能，能保护农产品不受搬运等外力损坏，在冷冻、生鲜产品的储藏和运输中起到了很好的保护作用，且防火级别高。

②缺点：使用不灵活，储存占用较大空间。

（4）金属包装

①优点：机械性能好、加工性强、防护性高、资源丰富、色泽鲜艳。

②缺点：金属包装材料化学稳定性较差，耐腐蚀性不如塑料和玻璃，尤其是铁质包装材料容易锈蚀。重金属离子能够与商品发生作用，特别是食品，不仅污染食品，而且对人体危害较大。

（5）竹编包装

①优点：环保、造型美观、坚固耐用、有艺术气息，能让消费者对企业的品牌形象有持续的记忆。

②缺点：成本略高，适合高品质、高端消费人群。

（6）保鲜包装

①优点：能延长农产品的货架时间，贴上合格证就可以进行商品销售，避免消费者用手直接触摸并挑选商品，减少商品损耗及交叉感染，提高商品价值。

②缺点：增加人工成本，增加白色污染；对垃圾分类提出了较高要求。

（7）玻璃包装

①优点：环保、耐腐蚀、造型丰富、标准化程度高，适合生产线包装，能延长农产品保质期，使消费者肉眼可见产品的品质感。

②缺点：在物流过程中容易破损，需要增加泡沫等保护措施。因自身重量较大，会增加快递物流成本。仓储货架高度也容易受限制。

2.4.6　农产品包装的策略

（1）拉近产品与消费者的距离

产品包装是产品与消费者见面的第一关，通过产品包装信息的精准表达能够让消费者联想到产品的品质和性状。消费者是否产生购买行为很大程度上取决于产品包装所传达的信息。让消费者产生信任是实现消费的首要条件。而什么样的信息可以向消费者传达可信的信号呢？

（2）产品包装中的品牌背书

相关公信机构的称号，例如产品质量信得过产品、CCTV（中国中央电视台）上榜产品、奥运会指定产品、第三方认证产品等，能够提高消费者的信任度。通过第三方质量监督平台的背书尤为重要，消费者先扫码，了解更多的企业信息及产品的生产工艺、生产流程、检测数据、生产追溯、信用指数、产品质量责任保障，邀请消费者监督、评价等，都将让消费者产生足够的信任，把决定权、思考自由度交给消费者，会让消费者产生一种亲近和信任感，从而产生消费行为，也实现了企业的销售目标。

（3）传达品质价值

国家曾明令禁止过度包装之风，让包装回归于包装本身，节约社会资本，杜绝浮夸之风。但是从另一个层面讲，之所以出现了奢侈豪华的包装现象，是因为包装的档次、品质给消费者的心理种下对产品本身的价值评判标准。综上所述，产品包装设计风格、材质、色彩、表现形式，都将对消费者产生直接的影响。重视产品包装是企业成功的关键要素。

（4）让产品包装会说话

产品包装就像人的衣裳，衣品代表内涵，而产品包装体现着产品的格调。现代二维码技术应用广泛，生产商应充分运用第三方平台，给产品做质量信用背书，起到公示、证明、推荐的作用，让产品与消费者建立一种理性的信任基础。例如，"农安云"质量安全信用平台的农信指数，就会给消费者展现客观的评价结果，同时，消费者可以参与消费评价，把话语权和决定权交给消费者，消费者就会因信任而买单。销售商倡导先扫码后消费，形成产品营销手段，主动接受监督和评价，建立消费信任机制。

2.5　农产品售后服务

2.5.1　农产品售后特点

想要做好一家新媒体店铺，不是仅仅吸引流量，把产品卖出去就够了，还要做好售后服务。然而，售后是一个很容易被忽视的问题，尤其是对于刚做电商还没有足够经验的人，辛辛苦苦操作了很久的产品刚有点起色，却因为售后服务的不佳甚至缺失，导致一些差评前功尽弃，进而直接失去了很多回头客及潜在消费者。可见，售后对于店铺的发展有很重要的影响，尤其是从事农货生鲜的电商，售后本身就很容易出现问题，为了尽量避免这些问题，卖家需要在售后服务上做足功课，不能只重视售前而不重视售后，要非常注重顾客的体验，做好售后服务工作。

农产品新媒体电商因为农产品的特殊性，还存在以下特点：

一是鲜活性和易腐烂性的特点；二是物流配送的速度、安全性要求高；三是需要相应设施存储。

根据这些特点，要求对农产品在售后方面要格外重视，尽量保证发货及时、物流畅通、结算完善和质量保证等。在发货前要仔细检查产品，不要因为一时的疏忽增加不必要的成本；物流中保证产品的完好无损和及时到达；结算方式尽量灵活。最重要的是把好质量关，才能留住老客户；圈定一批有助农爱好的人。处理售后一定要非常用心，才能在产品销售过程中，吸引到更多的新老客户，来实现转化。

2.5.2　及时发货

当买家拍下商品之后，卖家就会收到订单提醒，卖家需要尽可能地提早发货。为了提早发货，卖家可以提前备货，这时需要考虑农产品的特性，也不能太早，因为一些农产品会由于封闭或者保鲜不到位而出现腐烂，导致农产品未到买家手中就已经坏掉。

介于上述情况，根据农产品的实际销售方式，主要有 3 种发货方式。

（1）提前采摘

这种发货方式适用于一些可以提前采收，不妨碍口感的农产品。以香蕉为例，需要卖家熟悉香蕉的成熟周期，即何时采摘既能保证口感，又可以存放较长时间。再比如，提早摘下的还没完全成熟的苹果可以提前包装和备货，这样等到买家拍下产品时，即可按时发货，使苹果既能尽早到达买家手中，又不会坏掉。

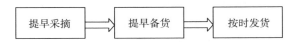

（2）新鲜采摘发货

新鲜采摘发货是指根据用户订单，及时进行采摘然后发货，或者说是现摘现发，一般是采摘下的产品在 24 小时内发出。这种发货方式也是最为普遍的，如果卖家能够做到及时采摘的话，可以考虑采用这种发货方式，相比较其他两种，这种是广大客户所接受的方式。如果商家同时兼顾线下农产品销售，没有足够精力兼顾电商的话，可以考虑每隔一两天进行一次采摘，然后根据订单选取新鲜货品进行发货。

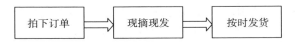

（3）预售商品

预售商品是指在产品还未生产出来的时候进行提前销售，这种销售方式可以起到降低库存，减少不必要的人力、物力资源。对于农产品来说，通过在未成熟前提前销售，可以提前根据销量对剩余货品进行处理，降低库存，减少储存费用，达到保收的目的。在进行产品预售时，买家通过提前购买，锁定购买的品类和数量，卖家将给予买家一定程度的优惠作为对买家等待时间的补偿。由于是预售商品，买家无法看到产品的真实情况，建议商家给予更多的预售商品信息来保证消费者的权益。如预售荔枝，可以多拍取荔枝树照片和往年荔枝产品照片进行对比，提高产品的可信赖度。

2.5.3 催发货

一般都是设置 48 小时内发货，如果发货及时，也可以标明 24 小时内发货。买家在第一天晚上下的单，第二天可能就会问为什么还不发货，或到底什么时候发货，遇到这种买家，卖家需要做好安抚工作，耐心交流沟通，这类买家的订单应尽早发出，防止买家因为没有耐心等待而退货。

2.5.4 畅通物流

农产品流通包括农产品从供应地向接受地的实体流动中，涉及的生产、收购、运输、储存、加工、包装、配送、分销、信息处理、市场反馈等众多环节。农产品流通对生产具有决定性的意义，特别是对保鲜、时效等要求较高的农产品，如果没有高效的流通模式与完善的物流体系，将导致农产品流通不畅，从而直接影响农业产业化进程和农民的收入。

目前，我国的仓储物流体系还不够完善，主要体现在两个方面：一是较为落后的地区物流成本偏高，二是冷链物流体系还不够完善。因为农产品本身附加值就不高，物流费用过高会导致市场的压缩，所以在物流方面卖家要平衡速度与费用的问题，既要保证畅通的物流，又要尽可能保证农产品的安全和物流的速度。

2017 年 7 月召开的国务院常务会议指出，促进农村电商与农村寄递物流融合发展。依托"互联网＋"，加强城市市场、物流企业与农户农场、农民合作社等衔接，发展专业化农产品寄递服务和冷链仓储加工设施，助力农产品销售，特别是促进脱贫地区乡村特色产业发展。目前农村电商公共服务体系正推进整合邮政、供销、快递公司等各类资源，发展共同配送模式，打通物流配送最后一公里——"快递进村"。

近几年，农产品电商物流也在不断进行探索，以寻找合适发展的道路。第三方物流、自建物流以及"自建＋第三方物流"等模式不断涌现。给今后物流多样化的发展创造了良好的基础。针对农产品电商物流的特征，有如下物流模式盘点。

（1）第三方物流配送模式

第三方物流配送模式以签订合同的方式，在一定时期内将部分或全部物流活动委托给专业的物流企业来完成，这种模式也称为外包物流配送模式。目前，我国的第三方物流提供商包括快递公司（如顺丰、申通、圆通等）和国内邮政体系。

（2）自营配送模式

所谓自营配送模式，是指电子商务企业着眼于企业的长远发展，自行组建配送系统，并对整个企业内的物流运作进行计划、组织、协调、控制、管理的一种模式。目前，自营物流配送模式主要分为两种类型：一类是资金实力雄厚且业务规模较大的 B2C（商家对顾客）电子商务公司。另一类是传统的大型制造企业或批发零售企业经营的 B2C 电子商务网站。这些企业自身就拥有非常强大的物流体系，在开展电子商务物流配送时只需要在原有基础上稍加改善，就基本可以满足 B2C 电商物流配送需求。

（3）联盟物流配送模式

物流联盟是指物流配送需求企业或者物流企业之间为了提高配送效率以及实现配送合理化，建立的一种功能上互补的配送联合体。电子商务物流联盟模式主要是指多家电子商务企业与一家或者多家物流企业进行合作，或者多家电子商务企业共同组建一个联盟企业提供物流服务，为实现长期合作而组合到一起的方式。这种方式目前在市场上出现得比较少。

（4）"O-S-O"物流模式

"O-S-O"物流模式即物流外包-自建渠道-渠道外包模式。此模式不是简单的开始、发展、回归过程，而是符合哲学意义上的发展模式。这一模式与中国物流发展水平、企业自身发展水平、客户需求水平相联系，从最初的业务外包、中期的选择自建，到最后的业务趋于平稳，社会化物流服务水平的提升，必然会要求电商企业开放自身的物流服务渠道以供全社会使用，同时，自建渠道的不足又会吸纳优秀供应商进入服务体系，最终形成一个波浪式前进、螺旋上升的发展模式。

针对电商物流，根据快递发货方式的不同，对应着不同的供应链方式，这里总结出以下 4 种方式：

方式一：产地收货，产地发货。

方式二：产地收货，把农产品拉到乡（镇）快递点或者县城快递点发货。

方式三：产地收货，把农产品直接拉到用户所在城市打包发货。

方式四：产地收货，把农产品直接拉到省会城市发货。

上述 4 种方式，需要买家根据自身情况进行选择和调整，如果产地物流设施较完善，可以把农产品送到乡（镇）快递点发货；如果农产品体量大，有自建物流，可以直接产地发货等。例如：有商家销售太原、运城的苹果，都是通过与当地农户合作，直接装箱装袋，节省了物流的人工成本。但由于运费太贵，例如在太原的运费是 1 000 克 5 元，而在运城发苹果首重就要 10 元，没有利润空间，因此商家选择将成品运回太原发货。电商企业应及时了解当地的物流政策，例如福建省漳州市漳浦县为了帮助农户解决"卖难"和消费者"买贵"的难题，联合邮政业将运输车开进大山，通过电商售卖帮助农户将杨桃售往全国各地，韵达漳州漳浦网点积极响应，通过原产地直发，运用独有流水线、标准化包装等，保证水果的新鲜与安全，为广大客户提供了更优质的体验。

完善的乡村物流体系是发展电商的前提，"快递进村"不仅是把商品寄进来，促进消费，也包括把本地农产品寄出去，拓宽销售渠道。村镇企业可以初步以村镇物流设点为契机，与第三方物流公司合作，让物流公司与当地农产品基地对接，借助渠道优势，提高物流速度，当产品后期获得一定销售基础后，考虑自建物流。总之，企业需结合自身实际，健全农产品物流标准化体系，完善仓储物流设施，选择最适合企业发展的物流方式，才能提升市场竞争力。

2.5.5 完善结算

（1）收款方式

目前，电商主要分为跨境电商和境内电商两种，跨境电商的线上支付方式主要为信用卡收款、Paypal、Cashpay 等，境内电商的线上支付方式主要为支付宝支付、微信支付和网上银行支付等。

境内电商因线上支付对卖家和买家同时做出保证，所以当买家在第三方平台交易后，第三方平台暂管这部分财产，等买家确认收到卖家商品后再付给卖家。同时，一些第三方电商平台如淘宝网等也有网上银行、银行汇款、邮局汇款、货到付款等不同方式，供不同的消费者使用。C2C（个人与个人之间的电子商务）模式的收款结算以网上银行和货到付款两种方式为主。总体看来，网上银行与第三方平台保管相结合是目前电商收款结算最主要的方式（图 2.1）。

（2）账期问题

账期是指从生产商、批发商向零售商供货后，直至零售商付款的这段时间。在外贸行业中，账期的采用十分明显，一般信用证是 45 天，这样可以节省大量的资金，因为交易非常快捷，减少了沟通成本。零售行业由于拖欠款严重，供货商为了避免账期，尤其是对小零售商，一般要求全款提货，但对大零售商，供货商一般给予一定的信用，因此账期超过 45 天；还有一些供货商，为了扩大市场份额，会提供比竞争对手更优惠的账期，由此也可能会导致信用风险。

电商平台与商家之间的账期，对于平台、消费者以及商家来说，是各有不同的。对于平台来讲，好处是很明显的，因为有大量的资金沉淀，即使是 7 天的时间，平台如果有几百亿的交易额，那么可想而知这些资金会给平台带来多大的收益。

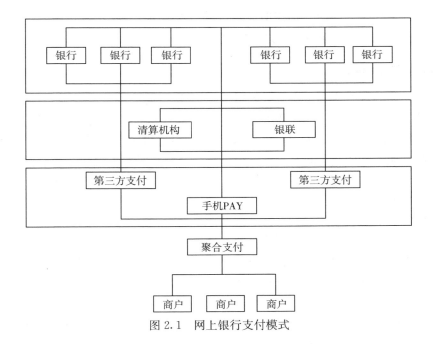

图 2.1　网上银行支付模式

对于消费者来说，是无所谓的一件事，因为很少的消费者知道钱付到哪里，只知道交钱购买了商品，你到时给我发货，没有质量问题就可以了，如果有质量问题，到时退货退款就行，所以，消费者是不关心钱到了哪里，更关心的是商品的价格和质量问题。而对于商家来说，单纯从账期来看，商家有很大压力，假设基本账期一个月，那么买家的货款将在一个月后才真正到达商家手中，这一个月内就需要商家额外准备大量的周转资金来进货，确保经营正常进行。然而，从流量角度来讲，平台会给商家提供大量的流量支持，这正是商家需要的，所以，在流量和账期这对矛盾体之间，商家基本上都会选择默默接受账期，其根本原因在于商家不懂互联网，不懂技术和营销，不知道如何从互联网上获取流量，只能依靠平台，在平台给其提供大量的成交额之后，就更离不开平台了。

同时，资金安全问题是企业经营的核心命脉，账期会存在风险，需要早做准备，那么，对于商家来说，如何解决平台与商家的账期问题呢？经营前期，商家一般只能选择各大平台，可以根据平台账期，尽量选择账期较短的平台作为主要销售渠道，同时也可以开拓微信等社交媒体，取得用户信赖后绕过平台交易。后期可以选择自营电商，搭建自己的电商系统，如开辟专属网页或App（手机软件），告别账期和高昂的平台租金。

账期是一种商业模式，被账期拖累的电商不在少数，也是中小企业或个体商户在数字化转型道路上必须重视的问题。持续观察，保持警惕，做好账期风险控制也是电商预防被账期拖垮的重要方法。

2.5.6　质保问题

任何产品从发货到运送至买家手中，都存在被损坏或者客户不满意要求退货的情况。由于农产品的保质期短，客户如果不满意要求退回，很多产品就可能已坏掉，对于卖家来说退回的产品就没有利用价值了。农产品价格本身就低，除去成本，利润空间并不大，所以产品退回对卖家来说损失的运费将大于产品的成本价。所以，商家尽可能防止产品退回，与客户耐心沟通，主动解决交易过程中发生的问题。

目前，很多农产品都没有标准，尤其是蔬菜和水果类。特别是网上销售的产品，买家难辨真假，这就更需要商家诚信经营。首先需要商家在产品生产过程中，遵守国家的相关要求和法律法规，不能为了宣传或者吸引消费者眼球，出现广告宣传页面的图片与实际产品有很大不符，也不能出现欺骗消费者的行为。其次要尽可能提高服务效率和产品质量。从产品选择、包装设计、运输等多方面考虑考量可能遇到的风险，例如，销售蜂蜜就需要考虑包装的紧实程度和抗压能力，防止在运输过程中蜂蜜被压坏或漏蜜，进而影响客户满意度。

商家应提前告知产品的各种规格和差价，让客户在知情的情况下，选择自己需要的产品，例如，销售橘子有大、中、小果之分，应该让客户在购买时知情大、中、小果的具体尺寸、形态和重量等信息，既是对客户的诚信，也避免了客户因不知情收到大小不一的果子后产生不满情绪。

2.5.7　提升客服水平

任何产品都是存在售后服务和产品迭代的风险，因为所有的农产品都是给客户直接食用，所以在食品安全上，所有的互联网从业者都应该恪守底线。但是很多产品不是简单的安全就能得到顾客满意的，在具体操作时会遇到各种各样的售后要求。由于客户的个体差异，对产品的接受度不一样，即使有非常明确的检测报告，客户也不会关注，他们完全凭借自己的味蕾来判断产品的优劣。例如，同样一批蜂蜜，南方的顾客和北方的顾客会出现完全不同的判断。遇到此类问题假如没有完整的话术体系，会让商家非常被动。而过多的解释会让客户产生反感，几乎不存在第二次消费。

对于吃的产品，由于主观性使得客户因当时所处的环境、心情、天气、声音、聊天的语境等都会影响其判断，所以作为专业的农产品销售从业者必须对产品有深入的了解，客服人员需练就专业的话术，提高复购率。因主观判断成分越多，产品售后就越难。没有售后服务就是好的服务，农产品的售后恰好是

做产品宣传和洞察消费心理的好机会。

2.5.8　咨询问题

做好售后服务，扩大经营者的影响力。经营者要扩大自己的影响力，必须做好产品咨询服务。要做好以下几点。

第一，做好准备工作，以便及时、准确地处理好客户的各种询问和意见。

第二，必须有效地解决顾客提出的实际问题，这比笑脸相迎更为重要。

第三，向顾客提供多种服务价格和服务合同，供其选择。

第四，在保证服务质量的前提下，可把某些服务项目转包给相关的服务行业。

第五，不怕顾客提意见，顾客的意见是为了让商家改进自己的产品和服务，是搞好生产经营的重要信息来源。

2.5.9　错发问题

当顾客收到产品后，如果发现产品并非是自己所购买的，就会找客服咨询，此时，客服应当即时与顾客进行沟通，并加以核实。客服的操作如下：

一是要求顾客先进行拍照，核实照片中的产品与购买产品是否一致。

二是与仓库核对订单，了解相关情况。

三是加以确定。如果确定是错发，应安抚顾客，根据产品价格考虑是再发一件，还是给予资金补偿。

四是与客户沟通，若产品涉及二次销售，务必请客户做到不能影响产品的二次销售。

五是要以安抚和道歉的口吻与客户进行沟通，争取客户的好感度。

2.5.10　质量问题

当顾客收到产品后，如果发现产品出现质量问题，找客服咨询时，客服应当及时与顾客进行沟通，并核实该情况。客服的操作如下：

一是在客户刚收到产品就发现产品有质量问题时，需核对客户所拍的照片和产品质量详情。

二是跟顾客交流过程中，要安抚顾客，表达歉意，争取顾客的好感度。

三是确认产品问题后，尽快给予解决。

四是如果顾客已经食用产品后发现有问题，应根据实际情况来定补偿等解决办法。

了解原因后，不可推卸责任，用消极的态度来回答顾客。一定要查明原因，为顾客解决问题。争取顾客的好感度，培养顾客的忠诚度。

案例分析

蓝莓售后——物流包装问题

　　厦门大学的我知盘中餐师生实践队对接四川的一个电商公司，该公司既有产地，也帮扶各村贫困户进行电商扶贫，是该县电商助农的一个典型。一天，电商负责人给学校的张教授打电话，说领导要来视察，希望能做些销量，并说当地蓝莓不错，属原生态产品，但是销路不畅。张教授说，蓝莓是鲜货，价值比较高，因为天气热，不容易保鲜，但是负责人说物流没有问题，并寄了一箱蓝莓到学校。张教授收到蓝莓后，发现蓝莓大小不一，但正好体现了产品原生态的特点。产品包装得很好，也有吸水纸，虽然有几个坏的，但吃起来口感都非常不错。于是，张教授马上安排写软文，在我知盘中餐平台上推广，两天出售了80多箱。

　　正当公司和农户都非常开心地等待客户的反馈时，客服收到了一些客户拍的照片，发现有些蓝莓烂了，有的甚至烂掉一半以上，而且发出臭味。看到很多蓝莓被整箱倒掉，客户体验非常差。该县负责人也感到不解，明明采摘的是新鲜蓝莓，怎么会烂得这么严重呢？公司负责人经过调查后才知道更换物流了。更重要的是，物流忘记把箱子塞满，忘记放吸水纸。不仅物流时间慢一天，核心问题在于箱子里面有空间，物流搬运过程中就会碰伤蓝莓，蓝莓被碰伤，就会相互感染。而物流公司也是非常负责的，答应给收到坏果的客户重新发一箱，并注意包装的细节：加厚、耐压、塞满、透气等，后面收到的货，就没有什么投诉了。同时，公司客服逐一电话解释平台的公益性，为农户电商经验不足导致的错误致歉，结果，客户都表示谅解，甚至有的客户听说平台助农的公益性，非常体量农民的辛苦和不容易，个别客户还表示不必再补发蓝莓了。

　　通过上述案例可以看到生鲜农产品的独特性，如果不注意物流的细节，就会导致损坏，成倍地增加产品售后成本。对于高价的生鲜产品，商家一定要选择快捷的物流，虽然物流成本高一些，但是会减少损耗，降低售后成本。特别要注意包装的细节，根据不同的生鲜农产品选择不同的包装。商家需要意识到，不能在物流成本上省钱，因有时赔付会比节省的钱更多，一定要在事前做好充分的调研和思考，在细节处也应尽善尽美。而当事情发生时，也需要客服人员积极处理，用真诚的态度打动消费者。

核桃售后——质量问题

　　我知盘中餐团队由张教授带队去山西做电商扶贫实践，正值8月份，当时核桃尚未成熟。待核桃成熟后，一位村书记让农户给张教授寄来一盒样品，以便张教授帮助安排在我知盘中餐平台上推广。张教授收到合作社寄的样品后，发现核桃的个非常大，没有空壳，并且价格在每斤 8 元。这么好的核桃，张教授当即决定采购 800 斤（400 千克），当 8 麻袋产品运送到厦门后，张教授立即安排学生团队在厦门大学三家村广场举行推广活动，让师生、游客试吃。很多师生围过来试吃，打开麻袋，上面的核桃很正常，但越往下，麻袋中的核桃小个的越来越多，还有极少数的空壳核桃。当时大家都傻了眼，这一批核桃和当初寄来的样品并不一致，核桃大小不一。原来，当初的样品是专门挑选了大果寄来的。这让推广团队很为难，给农户打电话核实后，农户也意识到了问题的严重性，连声说对不起，但是希望团队不要将产品退回，愿意降价。推广团队坚决要将产品退回去，但张教授觉得农户也不容易，还是硬着头皮安排团队进行销售。可是，这些果子大小不一，质量参差不齐，如何卖得掉呢？最终，团队人员想到一个办法，将核桃果进行分类，按照大果、中果和小果分开来卖。大果 12 元/斤，中果 8 元/斤，少数小果 4 元/斤。最终进行推广时，效果很好，将核桃全部卖出。

　　从销售核桃的案例可以看出，样品一定要和实际销售产品的一致，不然会给商家带来很多售后问题。虽然理解农民想把小的核桃卖掉，希望多赚钱，但是这种做法却不对。事实上，如果把产品进行分级，不仅可以卖出一个好价钱，还没有什么售后问题。可以算一笔账，800 斤核桃，我们挑选出 260 斤大果，470 斤中果，70 斤小果，按照这个价格分开卖，就比大小混在一起卖还能多赚钱。这是思想意识问题，农户需要不断吸取经验和教训，不断提高销售思路，农产品的口碑才会好，销路才会有保证。

第 3 章　新媒体电商营销应知应会的法律知识

3.1　电子商务法

　　电子商务法是指以电子商务活动中所产生的各种社会关系为调整对象的法律规范的总和，电子商务法是一个新兴的法律领域。广义的电子商务法与广义的电子商务相对应，包括所有调整以数据电文方式进行的商务活动的法律规范。其内容涉及广泛，包括调整以电子商务为交易形式和以电子信息为交易内容的法律规范，如联合国的《电子商务示范法》。与狭义的电子商务相对应，狭义的电子商务法是调整以计算机及网络为交易工具、以数据电文为交易手段而形成的商事关系的法律规范。它不仅包括以电子商务命名的法律法规，还包括其他各种制定法中有关电子商务的法律规范，如《中华人民共和国合同法》中关于数据电文的规定、《中华人民共和国刑法》中关于计算机犯罪的规定等。具体而言，我国的电子商务法基本来源可以包括两个主要部分，即电子商务法本身，以及其他法中关于电子商务或者数据电文的相关规定，但是仍然应当以电子商务法本身作为最重要的法律规定。

　　农民进行农产品新媒体营销，最为关注的就是在互联网电商平台中依法依规销售。《中华人民共和国电子商务法》于 2018 年 8 月 31 日第十三届全国人民代表大会常务委员会第五次会议通过，主要由总则、电子商务经营者、电子商务合同的订立与履行、电子商务争议解决、电子商务促进、法律责任以及附则 7 个部分组成。

　　总则明文规定，电子商务，是指通过互联网等信息网络销售商品或者提供服务的经营活动。另外，法律、行政法规对销售商品或者提供服务有规定的，适用其规定。金融类产品和服务，利用信息网络提供新闻信息、音视频节目、出版以及文化产品等内容方面的服务，不适用电子商务法。另一方面，国家鼓励发展电子商务新业态，创新商业模式，促进电子商务技术研发和推广应用，推进电子商务诚信体系建设，营造有利于电子商务创新发展的市场环境，充分发挥电子商务在推动高质量发展、满足人民日益增长的美好生活需要、构建开放型经济方面的重要作用。

3.1.1　电子商务主体相关法律知识

（1）电子商务主体的确认

电商平台的农产品销售者属于典型的电子商务经营者。根据我国《电子商务法》第九条"本法所称电子商务经营者，是指通过互联网等信息网络从事销售商品或者提供服务的经营活动的自然人、法人和非法人组织，包括电子商务平台经营者、平台内经营者以及通过自建网站、其他网络服务销售商品或者提供服务的电子商务经营者"的规定，电子商务的经营者主要包括 3 类人，一是电子商务平台经营者，即电商平台的运营者，例如阿里巴巴、京东等；二是平台内经营者，即通常俗称的"店家"，是在电商平台上从事销售活动的主体；三是通过自建网站、其他网络服务销售商品或者提供服务的电子商务经营者。

①电子商务平台经营者：根据我国《电子商务法》第九条规定，电子商务平台经营者，是指在电子商务中为交易双方或者多方提供网络经营场所、交易撮合、信息发布等服务，供交易双方或者多方独立开展交易活动的法人或者非法人组织。对于电子商务平台经营者的认定，涉及如何理解《电子商务法》第九条第二款规定的"为交易双方或者多方提供网络经营场所、交易撮合、信息发布等服务，供交易双方或者多方独立开展交易活动"这一表述。电子商务平台经营者是我国《电子商务法》确立的具有独立构成要件的新型主体，目的是赋予平台相应的职责和义务。根据该条规定，电子商务平台经营者的主体要件是一个整体、综合的要件，并不是符合其中一项就属于电子商务平台经营者。例如，单独的信息发布场所不属于电子商务平台经营者。概括来讲，电子商务平台经营者的核心主体要件是创设和决定用户之间的交易模式和规则，通过提供网络场所进行相应服务，但不参与用户之间的具体交易活动。

②平台内经营者：平台内经营者是指通过电子商务平台销售商品或者提供服务的电子商务经营者，就是借助电子商务平台提供的技术条件、客户资源、营销渠道等出售产品或服务以赚取利润的自然人、个体工商户、法人以及非法人组织，如淘宝商家、京东商家等。平台内经营者可以是自然人、法人及非法人组织。平台内经营者销售商品或提供服务的范围，除了法律禁止从事的活动和需要取得行政许可的领域外，原则上其他不受限制。

③其他电子商务经营者：此类经营者主要是指通过社交平台、网络直播平台销售商品和提供服务的经营者。对这一类经营者的规定，我国《电子商务法》把微商等经营者纳入调整范围，覆盖的主体更加全面。这也意味着，微信等社交平台作为其他网络服务提供者，与电子商务平台经营者是两类不同的主体，在责任承担上应有所区别。

（2）农产品销售者应注意的强制性规定

新媒体电商平台的农产品销售者属于典型的电子商务经营者。电子商务法明确规定，电子商务经营者，是指通过互联网等信息网络从事销售商品或者提供服务的经营活动的自然人、法人和非法人组织，包括电子商务平台经营者、平台内经营者以及通过自建网站、其他网络服务销售商品或者提供服务的电子商务经营者。

农产品销售者作为电子商务经营者的中坚力量，应当注意哪些法律规定，电子商务法给出了明确的答案：

第一，登记义务。我国《电子商务法》第十条明确规定："电子商务经营者应当依法办理市场主体登记。但是，但个人销售自产农副产品、家庭手工业产品，个人利用自己的技能从事依法无须取得许可的便民劳务活动和零星小额交易活动，以及依照法律、行政法规不需要进行登记的除外。"也就是说，电子商务经营者应当向有关部门办理市场主体登记，例如开业登记、变更登记、注销登记等。

第二，纳税义务。电子商务经营者应当依法履行纳税义务，并依法享受税收优惠。依照我国《电子商务法》第十条的规定不需要办理市场主体登记的电子商务经营者在首次纳税义务发生后，应当依照税收征收管理法律、行政法规的规定申请办理税务登记，并如实申报纳税。根据上述规定，电子商务经营者应当依法纳税，并且可以享受政府依法给予的相关税收支持和补贴，例如"三免三减半""五免五减半"等政策。

第三，取得行政许可义务。电子商务经营者从事经营活动，依法需要取得相关行政许可的，应当依法取得行政许可。行政许可是指行政机关根据公民、法人或者其他组织的申请，经依法审查准予其从事特定活动的行为。

第四，安保义务。电子商务经营者销售的商品或者提供的服务应当符合保障人身、财产安全的要求和环境保护要求，不得销售或者提供法律、行政法规禁止交易的商品或者服务。

第五，提供发票义务。电子商务经营者销售商品或者提供服务应当依法出具纸质发票或者电子发票等购货凭证或者服务单据。电子发票与纸质发票具有同等法律效力。

第六，信息公开公示义务。电子商务经营者应当在其首页显著位置，持续公示营业执照信息、与其经营业务有关的行政许可信息、属于依照我国《电子商务法》第十条规定的不需要办理市场主体登记情形等信息，或者上述信息的链接标识。前款规定的信息发生变更的，电子商务经营者应当及时更新公示信息。此外，电子商务经营者自行终止从事电子商务的，应当提前 30 日在首页显著位置持续公示有关信息。

第七，对消费者知情权提供保障的义务。电子商务经营者应当全面、真实、准确、及时地披露商品或者服务信息，保障消费者的知情权和选择权。电子商务经营者不得以虚构交易、编造用户评价等方式进行虚假或者引人误解的商业宣传，欺骗、误导消费者。

第八，遵守广告法规定的义务。电子商务经营者向消费者发送广告的，应当遵守《中华人民共和国广告法》的有关规定。

第九，搭售必须明确提醒的义务。电子商务经营者搭售商品或者服务，应当以显著方式提请消费者注意，不得将搭售商品或者服务作为默认同意的选项。

第十，切实保护用户的个人信息。电子商务经营者收集、使用其用户的个人信息，应当遵守法律、行政法规有关个人信息保护的规定。电子商务经营者应当明示用户信息查询、更正、删除以及用户注销的方式、程序，不得对用户信息查询、更正、删除以及用户注销设置不合理条件。电子商务经营者收到用户信息查询或者更正、删除的申请的，应当在核实身份后及时提供查询或者更正、删除用户信息。注销的用户，电子商务经营者应当立即删除该用户的信息；依照法律、行政法规的规定或者双方约定保存的，依照其规定。有关主管部门依照法律、行政法规的规定要求电子商务经营者提供有关电子商务数据信息的，电子商务经营者应当提供。有关主管部门应当采取必要措施保护电子商务经营者提供的数据信息的安全，并对其中的个人信息、隐私和商业秘密严格保密，不得泄露、出售或者非法向他人提供。

3.1.2　电子商务合同相关法律知识

（1）依法订立合同原则

电子商务当事人使用自动信息系统订立和履行合同，适用电子商务法有关规定，以及民法典、电子签名法等法律的规定。

（2）缔约效力原则

使用自动信息系统订立或者履行合同的行为，对使用该系统的当事人具有法律效力。在电子商务中推定当事人具有相应的民事行为能力。但是，有相反证据足以推翻的除外，例如举证证明缔约方是未成年人或者不能辨认自身情况的精神病人。

（3）电子商务合同的订立

电子商务经营者发布的商品或者服务信息符合要约条件的，用户选择该商品或者服务并提交订单成功，合同成立。当事人另有约定的，从其约定。即所谓的点一下（下单或接单），就双向生效了，不能反悔了。电子商务经营者不得以格式条款等方式约定消费者支付价款后合同不成立；格式条款等含有该内容的，其内容无效。另外，电子商务经营者应当清晰、全面、明确地告知用户订立合同的步骤、注意事项、下载方法等事项，并保证用户能够便利、完整地阅览和下载。电子商务经营者应当保证用户在提交订单前可以更正输入错误。

（4）电子商务合同的履行

合同标的为交付商品并采用快递物流方式交付的，收货人签收时间为交付时间。合同标的为提供服务的，生成的电子凭证或者实物凭证中载明的时间为交付时间；前述凭证没有载明时间或者载明时间与实际提供服务时间不一致的，实际提供服务的时间为交付时间。合同标的为采用在线传输方式交付的，合同标的进入对方当事人指定的特定系统并且能够检索识别的时间为交付时间。合同当事人对交付方式、交付时间另有约定的，从其约定。

（5）商品的交付

电子商务当事人可以约定采用快递物流方式交付商品。快递物流服务提供者为电子商务提供快递物流服务，应当遵守法律、行政法规，并应当符合承诺的服务规范和时限。快递物流服务提供者在交付商品时，应当提示收货人当面查验；交由他人代收的，应当经收货人同意。快递物流服务提供者应当按照规定使用环保包装材料，实现包装材料的减量化和再利用。快递物流服务提供者在提供快递物流服务的同时，可以接受电子商务经营者的委托提供代收货款服务。

（6）价款的支付

电子商务当事人可以约定采用电子支付方式支付价款。电子支付服务提供者为电子商务提供电子支付服务，应当遵守国家规定，告知用户电子支付服务的功能、使用方法、注意事项、相关风险和收费标准等事项，不得附加不合理交易条件。电子支付服务提供者应当确保电子支付指令的完整性、一致性、可跟踪稽核和不可篡改。电子支付服务提供者应当向用户免费提供对账服务以及最近三年的交易记录。

（7）支付指令问题

电子支付服务提供者提供电子支付服务不符合国家有关支付安全管理要求，造成用户损失的，应当承担赔偿责任。用户在发出支付指令前，应当核对支付指令所包含的金额、收款人等完整信息。支付指令发生错误的，电子支付服务提供者应当及时查找原因，并采取相关措施予以纠正。造成用户损失的，电子支付服务提供者应当承担赔偿责任，但能够证明支付错误非自身原因造成的除外。电子支付服务提供者完成电子支付后，应当及时准确地向用户提供符合约定方式的确认支付的信息。

（8）安全问题

用户应当妥善保管交易密码、电子签名数据等安全工具。用户发现安全工具遗失、被盗用或者未经授权的支付，应当及时通知电子支付服务提供者。未经授权的支付造成的损失，由电子支付服务提供者承担；电子支付服务提供者能够证明未经授权的支付是因用户的过错造成的，不承担责任。电子支付服务提供者发现支付指令未经授权，或者收到用户支付指令未经授权的通知时，应当立即采取措施防止损失扩大。电子支付服务提供者未及时采取措施导致损失扩大的，对损失扩大部分承担责任。

3.1.3　电子商务广告法的相关内容

《中华人民共和国广告法》第八条规定，广告中对商品的性能、功能、产地、用途、质量、成分、价格、生产者、有效期限、允诺等或者对服务的内容、提供者、形式、质量、价格、允诺等有表示的，应当准确、清楚、明白。广告中表明推销的商品或者服务附带赠送的，应当明示所附带赠送商品或者服务的品种、规格、数量、期限和方式。法律、行政法规规定广告中应当明示的内容，应当显著、清晰表示。

《中华人民共和国广告法》第九、十、十一、十二、十三条规定，广告不得有下列情形：（一）使用或者变相使用中华人民共和国的国旗、国歌、国徽，军旗、军歌、军徽；（二）使用或者变相使用国家机关、国家机关工作人员的名义或者形象；（三）使用"国家级"、"最高级"、"最佳"等用语；（四）损害国家的尊严或者利益，泄露国家秘密；（五）妨碍社会安定，损害社会公共利益；（六）危害人身、财产安全，泄露个人隐私；（七）妨碍社会公共秩序或者违背社会良好风尚；（八）含有淫秽、色情、赌博、迷信、恐怖、暴力的内容；（九）含有民族、种族、宗教、性别歧视的内容；（十）妨碍环境、自然资源或者文化遗产保护；（十一）不得损害未成年人和残疾人的身心健康；（十二）广告内容涉及的事项需要取得行政许可的，应当与许可的内容相符合；（十三）使用数据、统计资料、调查结果、文摘、引用语等引证内容的，应当真实、准确，并表明出处。引证内容有适用范围和有效期限的，应当明确表示。（十四）涉及专利产品或者专利方法的，应当标明专利号和专利种类。未取得专利权的，不得在广告中谎称取得专利权。禁止使用未授予专利权的专利申请和已经终止、撤销、无效的专利做广告；（十五）广告不得贬低其他生产经营者的商品或者服务。

3.1.4　我国《电子商务法》关于电子商务促进的有关规定

《中华人民共和国电子商务法》第六十四、六十五、六十六、六十七、六十八条规定，"国务院和省、自治区、直辖市人民政府应当将电子商务发展纳入国民经济和社会发展规划，制定科学合理的产业政策，促进电子商务创新发展。国务院和县级以上地方人民政府及其有关部门应当采取措施，支持、推动绿色包装、仓储、运输，促进电子商务绿色发展。国家推动电子商务基础设施和物流网络建设，完善电子商务统计制度，加强电子商务标准体系建设。国家推动电子商务在国民经济各个领域的应用，支持电子商务与各产业融合发展。国家促进农业生产、加工、流通等环节的互联网技术应用，鼓励各类社会资源加强合作，促进农村电子商务发展，发挥电子商务在精准扶贫中的作用。"

我国《电子商务法》第六十九、七十、七十一、七十二、七十三条还规定："国家维护电子商务交易安全，保护电子商务用户信息，鼓励电子商务数据开发应用，保障电子商务数据依法有序自由流动。国家采取措施推动建立公共数据共享机制，促进电子商务经营者依法利用公共数据。国家支持依法设立的信用评价机构开展电子商务信用评价，向社会提供电子商务信用评价服务。国家促进跨境电子商务发展，建立健全适应跨境电子商务特点的海关、税收、进出境检验检疫、支付结算等管理制度，提高跨境电子商务各环节便利化水平，支持跨境电子商务平台经营者等为跨境电子商务提供仓储物流、报关、报检等服务。国家支持小型微型企业从事跨境电子商务。国家进出口管理部门应当推进跨境电子商务海关申报、纳税、检验检疫等环节的综合服务和监管体系建设，优化监管流程，推动实现信息共享、监管互认、执法互助，提高跨境电子商务服务和监管效率。跨境电子商务经营者可以凭电子单证向国家进出口管理部门办理有关手续。国家推动建立与不同国家、地区之间跨境电子商务的交流合作，参与电子商务国际规则的制定，促进电子签名、电子身份等国际互认。国家推动建立与不同国家、地区之间的跨境电子商务争议解决机制。"

3.1.5　法律责任有关规定

中华人民共和国《电子商务法》规定，电子商务经营者销售商品或者提供服务，不履行合同义务或者履行合同义务不符合约定，或者造成他人损害的，依法承担民事责任。电子商务经营者违反我国《电子商务法》第十二条、第十三条规定，未取得相关行政许可从事经营活动，或者销售、提供法律、行政法规禁止交易的商品、服务，或者不履行本法第二十五条规定的信息提供义务，电子商务平台经营者违反我国《电子商务法》第四十六条规定，采取集中交易方式进行交易，或者进行标准化合约交易的，依照有关法律、行政法规的规定处罚。

电子商务经营者违反我国《电子商务法》规定，有下列行为之一的，由市场监督管理部门责令限期改正，可以处一万元以下的罚款，对其中的电子商务平台经营者，依照我国《电子商务法》第八十一条第一款的规定处罚：（一）未在首页显著位置公示营业执照信息、行政许可信息、属于不需要办理市场主体登记情形等信息，或者上述信息的链接标识的；（二）未在首页显著位置持续公示终止电子商务的有关信息的；（三）未明示用户信息查询、更正、删除以及用户注销的方式、程序，或者对用户信息查询、更正、删除以及用户注销设置不合理条件的。电子商务平台经营者对违反前款规定的平台内经营者未采取必要措施的，由市场监督管理部门责令限期改正，可以处二万元以上十万元以下的罚款。

　　电子商务经营者违反我国《电子商务法》第十八条第一款规定提供搜索结果，或者违反我国《电子商务法》第十九条规定搭售商品、服务的，由市场监督管理部门责令限期改正，没收违法所得，可以并处五万元以上二十万元以下的罚款；情节严重的，并处二十万元以上五十万元以下的罚款。电子商务经营者违反我国《电子商务法》第二十一条规定，未向消费者明示押金退还的方式、程序，对押金退还设置不合理条件，或者不及时退还押金的，由有关主管部门责令限期改正，可以处五万元以上二十万元以下的罚款；情节严重的，处二十万元以上五十万元以下的罚款。

　　电子商务经营者违反法律、行政法规有关个人信息保护的规定，或者不履行我国《电子商务法》第三十条和有关法律、行政法规规定的网络安全保障义务的，依照《中华人民共和国网络安全法》等法律、行政法规的规定处罚。电子商务平台经营者有下列行为之一的，由有关主管部门责令限期改正；逾期不改正的，处二万元以上十万元以下的罚款；情节严重的，责令停业整顿，并处十万元以上五十万元以下的罚款：（一）不履行本法第二十七条规定的核验、登记义务的；（二）不按照我国《电子商务法》第二十八条规定向市场监督管理部门、税务部门报送有关信息的；（三）不按照我国《电子商务法》第二十九条规定对违法情形采取必要的处置措施，或者未向有关主管部门报告的；（四）不履行我国《电子商务法》第三十一条规定的商品和服务信息、交易信息保存义务的。法律、行政法规对前款规定的违法行为的处罚另有规定的，依照其规定。

　　电子商务平台经营者违反我国《电子商务法》规定，有下列行为之一的，由市场监督管理部门责令限期改正，可以处二万元以上十万元以下的罚款；情节严重的，处十万元以上五十万元以下的罚款：（一）未在首页显著位置持续公示平台服务协议、交易规则信息或者上述信息的链接标识的；（二）修改交易规则未在首页显著位置公开征求意见，未按照规定的时间提前公示修改内容，或者阻止平台内经营者退出的；（三）未以显著方式区分标记自营业务和平台内经营者开展的业务的；（四）未为消费者提供对平台内销售的商品或者提供的服务进行评价的途径，或者擅自删除消费者的评价的。电子商务平台经营者违反我国《电子商务法》第四十条规定，对竞价排名的商品或者服务未显著标明"广告"的，依照《中华人民共和国广告法》的规定处罚。电子商务平台经营者违反我国《电子商务法》第三十五条规定，对平台内经营者在平台内的交易、交易价格或者与其他经营者的交易等进行不合理限制或者附加不合理条件，或者向平台内经营者收取不合理费用的，由市场监督管理部门责令限期改正，可以处五万元以上五十万元以下的罚款；情节严重的，处五十万元以上二百万元以下的罚款。

电子商务平台经营者违反我国《电子商务法》第三十八条规定，对平台内经营者侵害消费者合法权益行为未采取必要措施，或者对平台内经营者未尽到资质资格审核义务，或者对消费者未尽到安全保障义务的，由市场监督管理部门责令限期改正，可以处五万元以上五十万元以下的罚款；情节严重的，责令停业整顿，并处五十万元以上二百万元以下的罚款。电子商务平台经营者违反我国《电子商务法》第四十二条、第四十五条规定，对平台内经营者实施侵犯知识产权行为未依法采取必要措施的，由有关知识产权行政部门责令限期改正；逾期不改正的，处五万元以上五十万元以下的罚款；情节严重的，处五十万元以上二百万元以下的罚款。电子商务经营者违反我国《电子商务法》规定，销售的商品或者提供的服务不符合保障人身、财产安全的要求，实施虚假或者引人误解的商业宣传等不正当竞争行为，滥用市场支配地位，或者实施侵犯知识产权、侵害消费者权益等行为的，依照有关法律的规定处罚。

电子商务经营者有我国《电子商务法》规定的违法行为的，依照有关法律、行政法规的规定记入信用档案，并予以公示。依法负有电子商务监督管理职责的部门的工作人员，玩忽职守、滥用职权、徇私舞弊，或者泄露、出售或者非法向他人提供在履行职责中所知悉的个人信息、隐私和商业秘密的，依法追究法律责任。违反我国《电子商务法》规定，构成违反治安管理行为的，依法给予治安管理处罚；构成犯罪的，依法追究刑事责任。

3.2 电子商务安全保障与争议解决法律制度

3.2.1 安全保障问题

对于农产品经营者来说，最重要的是产品的质量安全和视频安全两类。随着平台角色的不断变化，平台义务与责任也随之扩张。我国《电子商务法》第三十八条第二款首次明文规定了电商平台的安全保障义务，为进一步维护消费者权益提供了法律支撑。该规定较为抽象，相关概念需要进一步探讨和澄清。明晰安全保障义务的内容有助于明确电商平台的责任，具体包括保障平台网络安全的义务、动态检查监控义务、对消费者的危险预警和及时救助义务等。未尽安全保障义务应当如何承担责任的问题，引发社会各界热议，最终落脚为"相应责任"具有合理性。单一的责任形式无法与电商交易中复杂的侵权情况相适应，"相应责任"包括多种责任类型，在实践中需要根据具体情况来进行考量。

我国《电子商务法》具有其自身特殊的调整对象和范围，承担安全保障义务的主体应有其明确的边界。电子商务平台经营者的安全保障义务可根据危险所处的不同时间段划分为预防义务、消除义务、补救义务。电子商务平台经营者违反安全保障义务的侵权责任应是包容性的民事责任，可能是补充责任，也可能是连带责任或者按份责任，具体应根据其安全保障义务的内容、过错形式以及相关实际情形进行判断，电子商务平台经营者承担相应责任后能够向平台内经营者进行追偿。此外，电子商务平台经营者是否已履行安全保障义务，应采用可量化的标准来认定，即法定标准、善良管理人标准、行业标准、合同标准，并且其义务内容应综合考虑平台类型、经营规模、盈亏情况等影响因素。

3.2.2　电子商务平台争议解决有关规定

（1）电子商务法关于争议解决的有关规定

我国电子商务法对于争议解决有关问题进行了原则性规定，主要包括以下几部分：

第一，质量担保问题。国家鼓励电子商务平台经营者建立有利于电子商务发展和消费者权益保护的商品、服务质量担保机制。电子商务平台经营者与平台内经营者协议设立消费者权益保证金的，双方应当就消费者权益保证金的提取数额、管理、使用和退还办法等做出明确约定。消费者要求电子商务平台经营者承担先行赔偿责任以及电子商务平台经营者赔偿后向平台内经营者的追偿，适用《中华人民共和国消费者权益保护法》的有关规定。

第二，电子商务经营者应当建立便捷、有效的投诉、举报机制，公开投诉、举报方式等信息，及时受理并处理投诉、举报。电子商务争议可以通过协商和解，请求消费者组织、行业协会或者其他依法成立的调解组织调解，向有关部门投诉，提请仲裁，或者提起诉讼等方式解决。消费者在电子商务平台购买商品或者接受服务，与平台内经营者发生争议时，电子商务平台经营者应当积极协助消费者维护合法权益。

第三，在电子商务争议处理中，电子商务经营者应当提供原始合同和交易记录。因电子商务经营者丢失、伪造、篡改、销毁、隐匿或者拒绝提供前述资料，致使人民法院、仲裁机构或者有关机关无法查明事实的，电子商务经营者应当承担相应的法律责任。

第四，在线争议解决机制。电子商务平台经营者可以建立争议在线解决机制，制定并公示争议解决规则，根据自愿原则，公平、公正地解决当事人的争议。

（2）其他有关法律制度规定

除了我国《电子商务法》以外，关于解决纠纷和争议的具体程序，可参考

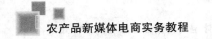

我国《民事诉讼法》和《仲裁法》等有关规定进行。

3.3 其他相关电子商务法律制度

3.3.1 与电子商务相关的刑法制度

《中华人民共和国刑法》中关于电子商务的有关规定，主要体现在传销、刷单行为的刑法制裁与惩处等方面。

关于传销活动犯罪。在电子商务经营活动如火如荼的今天，潜伏在其中的组织、领导传销活动给市场经济秩序与管理秩序和公民财产权带来了巨大的风险。但一味推崇严刑峻法非但不能阻止传销活动犯罪的发生，反而会使电子商务经营者和平台运营者对营商环境失去信心，也会破坏电子商务中消费者的消费体验，从而阻碍电子商务的发展。只有深入剖析电子商务经营中的组织、领导传销活动罪的发生原因并为之构建立体多元的防控机制，才能达到既维护公平的市场竞争环境又能预防和惩治犯罪的目的。

电子商务经营中组织、领导传销活动罪的成因有 4 个层面：一是电子商务中的经营者和消费者没有将金钱观、消费观和择业观等观念摆正，且鉴别能力弱、从众心理强。很多电子商务经营者的经营能力不足以支持其从事电子商务经营，加上传销作案成本低、犯罪收益高，电子商务参与者更难以抵挡传销犯罪的诱惑；二是政府层面存在着相关部门资源整合不够优化、社会征信体制建立不完整和电子商务领域市场退出机制不完善的问题，导致电子商务经营环境亟待改善；三是在社会层面，职业教育未达成效、就业形势严峻和媒体宣传效果欠佳以及传销活动"理论基础"雄厚等因素也是电子商务参与者走向传销的一重诱因；最后，法律层面中存在法律法规衔接不到位、认定标准不统一和量刑轻重把握不准确的问题，致使对电子商务经营中组织、领导传销活动罪的特殊预防和一般预防效果都不尽理想。

3.3.2 与电子商务相关的民法制度

电子商务与民法制度的联系主要是个人信息的保护问题。《中华人民共和国民法典》规定，自然人的个人信息受法律保护。任何组织和个人需要获取他人个人信息的，应当依法取得并确保信息安全，不得非法收集、使用、加工、传输他人个人信息，不得非法买卖、提供或者公开他人个人信息。

个人信息权利是公民在现代信息社会享有的重要权利，明确对个人信息的保护，对于保护公民的人格尊严，使公民免受非法侵扰，维护正常的社会秩序具有现实意义。据此，《中华人民共和国民法典》总则在民事权利一章中单列一条，对自然人的个人信息受法律保护和其他民事主体对自然人个人信息保护

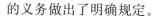

的义务做出了明确规定。

（1）自然人的个人信息受法律保护

①关于个人信息：信息社会，人的存在不仅涉及生物体征方面的信息，如身高、性别等，也涉及人作为社会成员的基本社会文化信息，如姓名、职业、宗教信仰、消费倾向、生活习惯等。越来越多的人类活动都有信息形式的记录。

根据《中华人民共和国网络安全法》第七十六条第五款的规定，"个人信息是指，以电子或者其他方式记录的能够单独或者与其他信息结合识别自然人个人身份的各种信息，包括但不限于自然人的姓名、出生日期、身份证件号码、个人生物识别信息、住址、电话号码等。"个人信息的主体是自然人，以电子方式或者其他方式如文字、图表、图像记录，其能够单独或者与其他信息结合识别自然人个人身份。就法律上的名称而言，欧盟国家多采用"个人数据"，日本、俄罗斯、韩国采用"个人信息"，我国台湾地区"个人资料"与"个人数据"两个概念并用。虽然"个人信息""个人资料"与"个人数据"名称有所不同，但实质含义基本类似，都侧重信息的"可识别性"。如欧盟有关个人数据自动化处理的保护协定，将其界定为"已识别或可识别的个人相关的任何信息"。《日本个人信息保护法》第二条规定，个人信息指活着的自然人的相关信息，根据该信息所包含的姓名、出生年月及其他内容，能够识别出该特定自然人。我国台湾地区《电脑处理个人资料保护法》第三条第 1 款规定，个人资料，指自然人之姓名、出生年月日、身份证统一编号、特征、指纹、婚姻、家庭、教育、职业、健康、病例、财务情况、社会活动及其他足以识别该个人的资料。

②关于个人信息与隐私权：个人信息与隐私权的概念存在一定的重合。隐私权是指自然人享有的私人生活安宁与私人生活信息依法受到保护，不受他人侵扰、知悉、使用、披露和公开的权利。一些国家和地区对个人信息与隐私权有不同的内涵、外延的界定。

隐私与个人信息二者的范围有交叉，重合部分可以称为隐私信息，即权利主体不愿为他人知晓的个人信息，如病史、犯罪记录等，但个人信息不仅包括不愿为外人知晓的隐私信息，还包括可以公开的非隐私信息，如姓名、性别等。并且，隐私带有主观色彩，如身高、住址、电话号码等个人信息，有些人视为隐私，有些人视为可公开信息。我国现有法律制度中涉及的隐私权，是与生命权、健康权、姓名权、名誉权、荣誉权、肖像权等并列的概念。一些侵犯个人信息的行为，未必构成侵犯隐私。如自然人的姓名，当然属于个人信息，但却不是隐私权的保护客体；再如肖像也属于个人信息，但不当利用他人肖像，构成对肖像权而非隐私权的侵害；再如不当删除、不完整记录或者错误记录他人信息，或者根据不实信息对他人信用做出错误评级等，这些都属于侵犯他人信息权利的行为，但一般不涉及侵犯隐私。

③我国法律对个人信息保护的相关规定：立法机关高度重视对自然人个人信息的保护，不断完善保护个人信息的法律规定。目前，对个人信息的保护涉及多部法律。《中华人民共和国侵权责任法》从传统民事权利的角度，明确规定了姓名权、名誉权、肖像权、隐私权属于受法律保护的民事权利，侵犯上述民事权利的，应当依法承担侵权责任。全国人大常委会通过《关于加强网络信息保护的决定》，对互联网上的公民信息保护做了较为系统和全面的规定，也对网络服务提供者和其他企业事业单位收集、使用公民个人电子信息应当遵循的原则、保密义务及法律责任，有关部门依法应当履行的职责做了具体规定。《中华人民共和国消费者权益保护法》第十四条规定，消费者在购买、使用商品和接受服务时，享有人格尊严、民族风俗习惯得到尊重的权利，享有个人信息依法得到保护的权利；第五十条规定，经营者侵害消费者的人格尊严、侵犯消费者人身自由或者侵害消费者个人信息依法得到保护的权利的，应当停止侵害、恢复名誉、消除影响、赔礼道歉，并赔偿损失；第五十六条，对侵害消费者个人信息的经营者，除承担民事责任外，还规定了行政责任，加大了对违法行为的惩罚力度，如警告、没收违法所得、罚款及吊销营业执照等。《网络安全法》对网络运营者对个人信息保护的义务和责任做了具体规定。此外，还有多部法律也有对自然人个人信息保护的规定，如《中华人民共和国商业银行法》第二十九条规定的，银行对存款人存款信息的保护，《执业医师法》第二十二条规定的，医师对患者隐私的保护，《中华人民共和国居民身份证法》第十九条规定，国家机关或者有关单位不得泄露公民的个人身份信息等。这些法律法规从不同角度对各自领域的自然人隐私权和个人信息进行保护；一方面，在侵犯自然人隐私权和个人信息行为较为严重的领域，明确当事人各方的权利义务；另一方面，规定了侵犯隐私权和个人信息的民事责任、行政责任及刑事责任，加大惩罚力度。

（2）其他民事主体对自然人个人信息保护的义务

《中华人民共和国民法典》明确了自然人的个人信息受法律保护的，根据本规定，其他民事主体对自然人个人信息有以下保护义务：

一是任何组织和个人需要获取他人个人信息的，应当依法取得并确保信息安全。民事主体在正常的生活或者经营中不可避免地会取得一些他人的个人信息，如银行业、保险业、快递业经营者从事的经营业务以客户提供个人信息为前提。民事主体取得个人信息后，有义务采取技术措施和其他必要措施，确保信息安全，防止个人信息泄露、丢失。

二是不得非法收集、使用、加工、传输他人个人信息，不得非法买卖、提供或者公开他人个人信息。此义务既针对依法取得自然人个人信息的组织和个人，也针对非依法取得个人信息的组织和个人。没有得到法律授权或者个人信息主体同意，任何组织和个人不得收集、使用、加工、传输个人信息，不得非法买卖、提供或者公开个人信息。

违反个人信息保护义务的，应当依法承担民事责任、行政责任甚至刑事责任。其他法律对其他民事主体对自然人个人信息保护的义务有具体规定。我国《网络安全法》第四十二条规定，"网络运营者不得泄露、篡改、毁损其收集的个人信息；未经被收集者同意，不得向他人提供个人信息。但是，经过处理无法识别特定个人且不能复原的除外。网络运营者应当采取技术措施和其他必要措施，确保其收集的个人信息安全，防止信息泄露、毁损、丢失。在发生或者可能发生个人信息泄露、毁损、丢失的情况时，应当立即采取补救措施，按照规定及时告知用户并向有关主管部门报告。"我国《消费者权益保护法》第二十九条规定，"经营者收集、使用消费者个人信息，应当遵循合法、正当、必要的原则，明示收集、使用信息的目的、方式和范围，并经消费者同意。经营者收集、使用消费者个人信息，应当公开其收集、使用规则，不得违反法律、法规的规定和双方的约定收集、使用信息。经营者及其工作人员对收集的消费者个人信息必须严格保密，不得泄露、出售或者非法向他人提供。经营者应当采取技术措施和其他必要措施，确保信息安全，防止消费者个人信息泄露、丢失。在发生或者可能发生信息泄露、丢失的情况时，应当立即采取补救措施。经营者未经消费者同意或者请求，或者消费者明确表示拒绝的，不得向其发送商业性信息。"我国《刑法》第二百五十三条规定："违反国家有关规定，向他人出售或者提供公民个人信息，情节严重的，处三年以下有期徒刑或者拘役，并处或者单处罚金；情节特别严重的，处三年以上七年以下有期徒刑，并处罚金。违反国家有关规定，将在履行职责或者提供服务过程中获得的公民个人信息，出售或者提供给他人的，依照前款的规定从重处罚。窃取或者以其他方法非法获取公民个人信息的，依照第一款的规定处罚。"

3.4　我国对农产品包装的管理办法

农产品生产企业、农民专业合作经济组织以及从事农产品收购的单位或者个人，用于销售的下列农产品必须加以包装。

第一，获得无公害农产品、绿色食品、有机农产品等认证的农产品，但鲜活畜、禽、水产品除外。

第二，省级以上人民政府农业行政主管部门规定的其他需要包装销售的农产品。

第三，符合规定包装的农产品拆包后直接向消费者销售的，可以不再另行

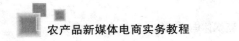

包装。

第四，农产品包装应当符合农产品储藏、运输、销售及保障安全的要求，便于拆卸和搬运。

第五，包装农产品的材料和使用的保鲜剂、防腐剂、添加剂等物质必须符合国家强制性技术规范要求。

第六，包装农产品应当防止机械损伤和二次污染。包装和标识材料符合国家强制性技术规范要求，安全、卫生、环保、无毒，无挥发性物质产生。

3.5 我国对农产品标识的管理办法

第一，农产品生产企业、农民专业合作经济组织以及从事农产品收购的单位或者个人包装销售的农产品，应当在包装物上标注或者附加标识标明品名、产地、生产者或者销售者名称、生产日期。

第二，有分级标准或者使用添加剂的，还应当标明产品质量等级或者添加剂名称。

第三，未包装的农产品，应当采取附加标签、标识牌、标识带、说明书等形式标明农产品的品名、生产地、生产者或者销售者名称等内容。

第四，农产品标识所用文字应当使用规范的中文。标识标注的内容应当准确、清晰、显著。

第五，销售获得无公害农产品、绿色食品、有机农产品等质量标志使用权的农产品，应当标注相应标志和发证机构。

第六，禁止冒用无公害农产品、绿色食品、有机农产品等质量标志。

第七，畜禽及其产品、属于农业转基因生物的农产品，还应当按照有关规定进行标识。

3.6 我国对农产品承诺达标合格证的规定

2021 年年底开始统一使用承诺达标合格证，主要特点如下。

(1) 体现"达标"内涵

"达标"内涵即生产过程落实质量安全控制措施、附带承诺达标合格证的上市农产品符合食品安全国家标准。现阶段，承诺达标合格证的"达标"主要聚焦不使用禁用的农药兽药、停用兽药和非法添加物，常规农药兽药残留不超标等方面。

(2) 突出"承诺"要义

承诺达标合格证是承诺证，首先要展示承诺内容。承诺达标合格证参考样式在全国试行方案中合格证参考样式的基础上，调整了承诺内容和基本信息的位置，将承诺内容放在承诺达标合格证最上端，生产者及农产品信息放后。

（3）调整承诺内容

明确是"对生产销售的食用农产品"做出承诺。将承诺内容中"遵守农药安全间隔期、兽药休药期规定"调整为"常规农药兽药残留不超标"。

（4）增加承诺依据

增加可勾选的"委托检测、自我检测、内部质量控制、自我承诺"4 项承诺依据。生产主体开具承诺达标合格证时，根据实际情况勾选一项或多项。

承诺达标合格证

我承诺对生产销售的食用农产品：

☐不使用禁用农药兽药、停用兽药和非法添加物

☐常规农药兽药残留不超标

☐对承诺的真实性负责

承诺依据：

☐委托检测　　　☐自我检测

☐内部质量控制　☐自我承诺

———————————————————————

产品名称：　　　　　　　数量(重量)：

产　　地：

生产者盖章或签名：

技 能 篇

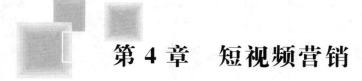

第 4 章 短视频营销

4.1 农产品短视频策划

4.1.1 明确主题

锁定目标群体。自己的农产品是什么，围绕农产品拍什么内容，想把内容拍给谁看，他们爱不爱看。根据受众需求决定主题。

例如：李子柒（抖音美食自媒体）

她通过唯美的画面，表现乡村传统的美食制作，吸引城市人对乡村和美食的向往，营造了一种原生态的美食制作过程，使得人们愿意购买李子柒产品。

李子柒的目标群体是向往自由、慢节奏的城市人，向往原生态美食的人，所以她的场景是美丽乡村，内容是原生态美食制作，树立能干、孝顺的个人形象，做到了场景、产品和人物的高度融合。

4.1.2 内容建设

围绕农产品，打造故事线，丰富故事线上的人物服装以及道具。短视频内容怎么吸引观众呢？记住三段式"开头镇住他、中间说个事、结尾要有用。"

记录农产品制作过程类视频控制在一分半钟内，视频讲解控制在一分钟内（200 字），最好 45 秒钟内。

举个例子：云乡小丽（县城乡村自媒体）

她的视频内容围绕自家的辣椒面，从辣椒面制作以及辣椒面搭配家常菜做各式各样的美食，吸引粉丝，同时销售自家产品。由于是农村家庭，自家搭建的茅草屋丰富了画面，做到了人物、场景和产品的完美融合。

4.1.3 细节优化

（1）优化拍摄场景

视频拍摄过程中保持画面干净，把多余的杂物去除，提升观感。

（2）优化服装道具

使服装更有特色，贴合场景和产品，优化道具。

（3）优化拍摄场景

拍摄场景保持明亮，使拍摄的主体能够突出。

4.1.4　账号搭建

短视频账号通常是指用户在各类短视频平台（如抖音、快手等）上注册和认证，并填写个人信息，如姓名、性别、年龄等，用来发布短视频、点赞、评论等操作。同时，账号还可以关联其他用户、接收通知、参加活动等。账号头像背景、账号介绍要符合视频调性。例如，李子柒打造人设短视频，人设是指为短视频中的角色设定的虚构人物形象。通常包括主角、配角和反派等，是为了让视频内容更加生动、有趣或者更具有话题性。头像就是用她本人照片，如果本人不出镜就可以用产品作为头像和背景。介绍，需要围绕打造的人或物来定，必须做到有特色。

4.2　农产品短视频策划方案（以枸杞为例）

4.2.1　农产品的概况

第一，产品的亮点（枸杞：补肾养肝、活肺明目）。

第二，价格（50 元/罐）。

第三，目标人群（用户画像）（长时间熬夜人群、中老年人群等）。

4.2.2　短视频定位

（1）短视频定位

好物种草分享、自己的爱用好物分享；段子类型（情感类型）。

（2）账号包装

头像、短视频名称、背景、主页内容（比如：每天 8 点准时直播等）、发布平台（抖音、快手，哔哩哔哩、小红书、微博、视频号）、发布频次（一周 2 次）等。

4.2.3　脚本参考

首先列出下表中脚本内容，见表 4.1（参考，具体以实际需要为准）。

表 4.1　脚本参考案例

序号	内容类型	场景	台词	BGM	画面
1					
2					
3					
4					
5					

（1）目的

①增加品牌的曝光。以好物分享种草的形式展现产品，输出优质的内容获取平台的推荐播放量，让用户对品牌有初步的熟悉，增加品牌的曝光。

②增加品牌的印象：通过场景化内容，植入产品，不断刺激用户的记忆点，留存潜在用户，

③促进商品的转化：选出好物分享的视频，优质视频发布并挂商品链接，提高产品的转化率。

④拉开竞品的差距：利用内容的营销，给用户灌输与竞品不同的品牌亮点，形成品牌优势。

（2）竞品展现形式分析

竞品是一个网络流行语，通常指产品在同领域的竞争对手。

竞品展现形式主要有剧情类；专家科普类；产品的生产过程；达人测评类；价格促销类；卖惨类；农作物养殖生产过程。

竞品分析是针对竞争对手的产品进行客观的分析，以了解产品的优势和不足。在竞品分析时，可以从客观和主观两个方面进行。客观分析主要是从竞争对手或市场相关产品中，圈定一些需要考量的角度，得出真实的情况，不需要加入任何个人的判断。主观分析是一种接近于用户流程模拟的结论，可以根据事实（或者个人感情），列出竞品或者自己产品的优势与不足。

4.2.4　道具/场景布置

先完成下表的道具准备工作。见表 4.2。

表 4.2　道具准备参考

道具准备			
序号	道具	数量	场景
1			
2			
3			

第一，场景布置；第二，场景化。

4.2.5　拍摄排期

拍摄排期见表 4.3（具体可参考做修改）。

表 4.3　拍摄排期表

事项	日期				
	12.10	12.11	12.12	12.13	12.14
脚本确定	√	√			
素人演员沟通			√		
视频剪辑				√	
视频发布					√

4.3　创意短视频

4.3.1　脚本创意

短视频脚本，是指拍摄视频所依靠的大纲底本，是故事的发展大纲。我们在拍摄视频前，需要在视频脚本中确定故事的整体框架，包括故事发生的时间、地点、人物、台词、动作及情绪；画面拍摄的景别分别是什么，如何用手机来突出特定场景的环境、情绪等。这些细化的内容都需要在撰写短视频脚本时确定下来。

在拍摄短视频之前将脚本写好，有创意的剧情脚本是制作创意短视频的第一步，而创意都来源于生活。结合自己的想法和构思，将一些生活中的"段子"融入视频当中，会让视频内容更丰富，也更容易产生爆款视频。

在拍摄农产品短视频时，可以提前写好剧情和相关产品的介绍。例如李子柒的视频：始终以农村生活的日常为主线来展开，有时候是展示一顿饭的制作过程，有时候又是如何利用各种果子做小甜点，甚至还有弹棉花的"日常"。看似毫无关联的"故事"却都没有脱离农村生活这条主线。

4.3.2　场景创意

在拍摄短视频之前，提前构思布置好拍摄的场景，利用场景来烘托视频内容，增加视频亮点。一个有创意的拍摄场景会更加吸引观众。同时增加视频的趣味性，利用真实场景更能让人有代入感。例如，拍摄自己生产的农产品，却将拍摄场景定在室内，不仅没有代入感，也没有真实感，无法让客户产生观看的欲望。当然，如果你的制作成本没有上限，且团队的拍摄剪辑技术精良，也可以尝试使用更多特效来丰富你的视频场景。

4.3.3　特效创意

通过短视频中加入特效或者一些特殊的视频转场效果，特殊效果结合视频内容，剪辑软件也能直接使用特效，可以博得观众的眼球，使观众有互动的欲望，视频剪辑软件的一些简单转场效果加上场景的变化，就可以实现这一目的。例如，在果园内和室内做同一个起跳动作，保持人物在画面中的位置，在人物跳起即将降落时切换场景就能实现简单的特殊效果，增加视频的趣味性和观赏性。

4.4　短视频剪辑

4.4.1　界面预览

用电脑打开剪映，点击开始创作，直观的操作体验，简单易上手（图 4.1）。

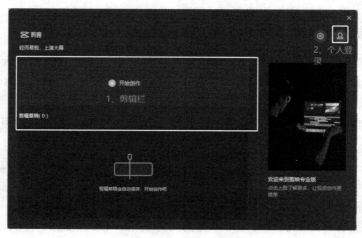

图 4.1　界面预览图

4.4.2　剪辑界面

点开剪辑栏，清晰易懂的剪辑界面呈现出来（图4.2）。

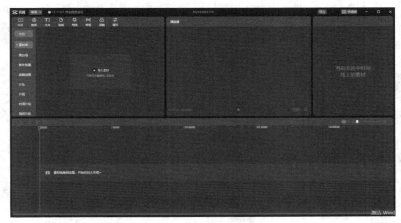

图 4.2　剪辑界面

4.4.3　菜单栏介绍

菜单栏主要有视频、音频、文本、贴纸、特效、转场、滤镜、调节 8 大部分组成（图 4.3）。

图 4.3　菜单栏等界面

(1) 视频栏介绍（图 4.4）

图 4.4　视频栏等界面

①素材栏：主要是导入的视频和照片，以及剪映自身所提供的素材（在素材库中）。

②预览栏：播放、查看选择的素材内容。

③ 剪辑栏：又称为工作区或者轨道栏。剪映支持多轨道剪辑，可以把导入的素材拖拽到剪辑栏进行剪辑加工处理。

④特效栏：主要是对导入的素材进行处理，包括画面、声音、速度的调整。

(2) 特效栏讲解（图 4.5）

①画面：

②透明度：通过调节透明度，两层轨道可以实现叠化的效果（图 4.5）。通过调节上层的透明度，实现了两层画面叠加的效果。

图 4.5　特效栏调节透明度的方法

③磨皮瘦脸：此项功能主要是针对美颜效果的人像使用。

④混合模式：主要功效是可以用不同的方法将对象颜色（上层）与底层对象（下层）的颜色混合。如将混合模式应用于某一对象时，在此对象的图层或组下方都可看到混合模式的效果。

混合模式包括滤色、变暗、变亮、叠加、强光、柔光、线性加深、颜色变暗、颜色加深、正片叠底。这几种模式混合使用，可以得到不同的效果。一般使用较多的是滤色模式（图 4.6）。

图 4.6　滤色的应用

4. 4. 4　音频

（1）音量

短视频中画面声音的高低需进行调节。可以点击红框，直接输入数值，也可在右侧蓝框处点击上下的小箭头进行微调整，确保得到更好的效果（图4.7）。

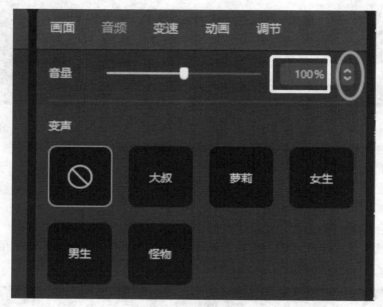

图 4.7　音频界面调整

（2）变声

变声主要有大叔、萝莉、女生、男生、怪物等模式，根据制作效果自行选择，可以把原有的视频声音变成不同的声音。

（3）变速

变速功能是对视频的速度进行调整，通过调整倍数实现快镜头和慢镜头的效果。倍数越大，视频速度越快，视频时长减少；倍数越小，视频速度越慢，视频时长增加。

也可以自定义视频的时长，实现快慢镜头的效果。例如选择的视频时长是30秒，可以自定义时长为5秒。

声音变调可选择是否开启。开启后，视频原来的声音音调会随着视频速度变化进行变化（图4.8）。

图 4.8　声音变调调整界面

（4）动画

动画包含了入场动画、出场动画和组合动画，可自行选择使用（图 4.9）。

图 4.9　动画素材插入界面

（5）调节

可以对视频的亮度、对比度等进行调整，根据想要的效果自行调整参数即可（图 4.10）。

图 4.10　亮度、对比度调整界面

4.4.5　音频栏介绍

音频栏主要是音乐和音效。此软件支持本地音乐导入，也支持收藏的音乐，同时在音乐和音效里也有很多素材供大家选择使用，资源非常丰富。

如导入一段本地音乐，然后插入（拖拽）到轨道上，这样就可以作为视频的背景音乐使用了（图 4.11）。

图 4.11　背景音乐添加示意图

4.4.6　文本栏介绍

文本栏主要是添加字幕使用，选择合适的字体和颜色后拖拽到轨道栏上（图 4.12）。

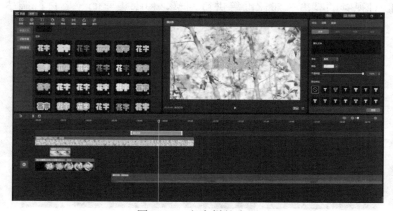

图 4.12　文本栏的应用

在图 4.13 中可以对文本的字体、颜色、动画、排列方式等进行调节。

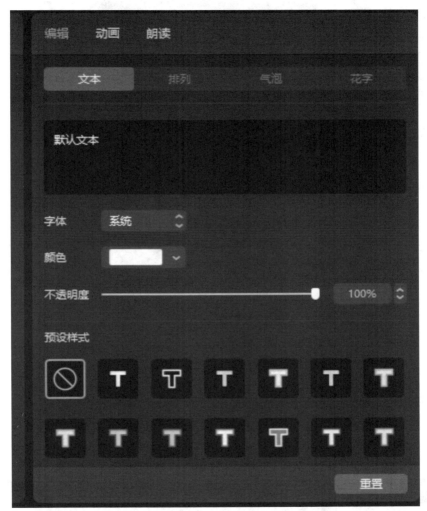

图 4.13　文本设置图

（1）调节文本时长的方式

把文本拖拽到轨道上，在画框的地方用鼠标拖动就能调节文本的显示时长（图 4.14）。

（2）添加文本内容

在画框处输入要添加的文本内容就可以了（图 4.15）。

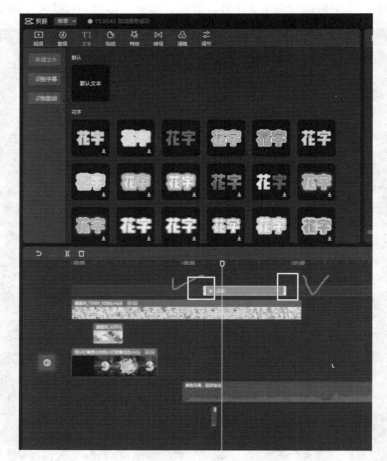

图 4.14　文本时长调整图

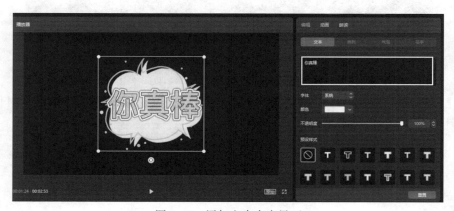

图 4.15　添加文本内容界面

（3）文本气泡

文本气泡中自带了很多可以使用的素材，可以根据自己的视频风格，选择合适的气泡素材，可以做出意想不到的效果（图 4.16）。

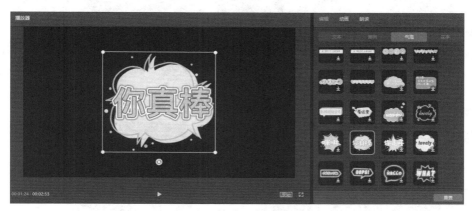

图 4.16　文本气泡效果添加界面

（4）贴纸

剪映里自带了很多实用的贴纸，并且支持插入多个贴纸，只需要把选择好的贴纸拖拽到轨道栏上即可。要想同时显示添加的不同贴纸，只要拖拽到不同的轨道上即可（图 4.17 画框处）。

图 4.17　画框处

4.4.7　特效

特效，顾名思义就是让视频、图片实现特殊效果。剪映自带了很多特效，根据自己的想法选择合适的特效拖拽到轨道上即可。特效一定要在最上层的轨道上（图4.18），图上的视频中增加了一个聚光灯的效果。

图4.18　聚光灯特效添加示意图

4.4.8　转场

转场就是两个视频衔接地方的切换方式。剪映里面自带了很多且实用的转场。选择好需要使用的转场时，直接拖到两个视频衔接的地方即可（图4.19），可以在2处选择转场时长，最长的转场时长是5秒。

图4.19　转场效果添加界面

4.4.9　滤镜

滤镜主要是用来实现图像的特殊效果。例如，选择合适的滤镜之后，点击图 4.20 左上"1"的加号，滤镜就会自动添加到轨道上。可以在轨道上对滤镜进行移动和时间修改。

图 4.20　滤镜效果添加界面

4.5　短视频渠道分布及管理

当前我国短视频发展迅猛，用户激增，短视频平台也遍地开花。不同的平台有不同的特色，面对不同特色的短视频平台，我们应该怎么选择？

抖音、快手、小红书、淘宝、视频号、好看、知乎、B 站等，短视频渠道较多，全部布局不太现实，因为平台的调性不同，又不能一个平台写一个剧本，浪费时间也浪费成本。出于对效率的考虑，可以在运营初期，先挑选一个适合自己行业的渠道进行运营。

4.5.1　各个平台的特性

首先要对各个平台的特性有比较清晰的了解，不同的平台，算法和推荐机制不同，用户的喜好、特点、内容和风格也有很大的差别。

（1）抖音"记录美好生活"

用户属性：年轻、时尚，有颜值、有情调，用户大多分布在一二线城市。

内容特点：音乐、颜值、萌宠、美食、生活、知识等。

变现方式：小黄车、抖音小店、平台活动、广告、直播流量分成。

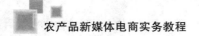

未来发展：平台开通了抖音小店、鼓励商家认证企业号。因商业变现的方式越来越完善，市场有下沉的趋势。日活 6 亿，流量大但竞争也比较激烈。

（2）快手"拥抱每一种生活"

用户属性：专注下沉市场，用户大多分布在三四线城市。

内容特点：搞笑、无厘头、生活分享、好物推荐等。

变现方式：直播流量分成、广告、电商等。

未来发展：目前专注三四线城市的用户，进入的门槛比较低，对内容质量的包容度比较高。

（3）B 站"哔哩哔哩"

用户属性：90 后、00 后、二次元、泛二次元文化社区。

内容特点：二次元、知识、测评等。

变现方式：广告、UP 主激励计划。

未来发展：有自己的商城，但仍以二次元文化为主，内容比较垂直，用户的黏性要远高于前两个视频平台，号召力很强。

（4）微信视频号"记录真实的生活"

用户属性：基本涵盖微信生态中所有用户。

内容特点：高价值或者高共鸣，所以目前比较火的是情感类型的账号。

变现方式：广告、私域沉淀、小程序变现。

未来的发展：基于社交的推荐，有比较强的社交关系，关心后续功能的完善和发展。

（5）好看视频"轻松有收获"

用户属性：较年轻，喜欢用百度搜索、寻找知识的用户。

内容特点：好看视频试图在短视频娱乐消遣的感官刺激之外，寻求理性价值与内容价值，为短视频内容寻找一个新的价值定义。

变现方式：广告、私域引流、好看商铺等。

未来的发展：泛知识领域创作者的温床，因为内容价值较高同时基于搜索推荐，所以流量相对来说比较精准。

（6）小红书"标记我的生活"

用户属性：70％以上的用户都是 90 后，90％的用户都是女性，而且大部分的用户都是来自一二线城市。

内容特点：美妆护肤、美食分享、时尚穿搭、旅游推荐和减肥瘦身等。

变现方式：广告、私域引流等。

未来的发展：小红书强大的内容分享属性，使其成为消费者购物需求、选择品牌与商品、分享商品使用情况的高度信任对象，同时也成为 KOL（小红书达人、小红书博主）的种草平台。

（7）知乎内部视频"有问题就会有答案"

用户属性：用户的层次比较高，内容也非常有深度。

内容特点：知乎的内容在垂直领域比较有深度，基本上都是 3～5 分钟的视频。

变现方式：私域引流等。

未来的发展：可能会成为专业的知识和技能分享平台，视频和知乎的图文相互呼应。

4.5.2　各个平台适合什么样的行业？

上一节对目前常见的短视频平台进行了分析，对应到各个行业，看看每个行业比较适合在哪些平台上进行深耕。

（1）抖音

适合的行业有教育、美妆、服装、传统机械、招商加盟、医美、母婴、服务、旅游、汽车、房屋、电子科技等。

（2）快手

适合的行业与抖音相似，大多数入驻抖音的企业都可以布局快手。其电商属性、社交属性强于抖音。

（3）视频号

适合的行业与抖音相似，大多数企业都可以布局。其社交属性最强，对于有私域流量的企业更友好。

（4）好看视频

适合的行业有教育、传统机械、医美、汽车等 TOB（面向企业的销售业务）和以搜索为主的行业。

（5）哔哩哔哩

适合的行业有教育、旅游、汽车、电子数码等年轻人感兴趣的行业。

（6）知乎内部视频

适合的行业有教育、旅游、汽车、电子数码、情感、企业服务等行业。

（7）小红书内部视频

适合的行业有教育、美妆、服装、母婴、旅游等针对女性消费群体的行业。

总之，目前短视频的发展势头良好，那么面对不同特色的平台，应该如何选择呢？

在选择平台之前，首先要对自己的产品和运营有个清晰的认识：如何选择最适合自己的平台呢？像教育、美妆这样的行业，以上这些平台都可以做，但是根据运营目的不同，对平台也可以进行更深一步的划分。

例如，电商带货：优选流量比较大、电商环境也比较完善的快手和抖音；

精准获客：优选自己的目标用户喜欢的平台，以及依托精准搜索推荐的好看视频、小红书、知乎这类专业性比较强的平台；私域引流：优选社交属性强的微信视频号；单纯做粉丝变现：优选抖音这种流量大、内容形式包容性比较强的平台，也可以选择 B 站、小红书这类同样具有较强社区属性的平台进行深耕。

除了这些平台之外，还有很多比较小众，流量同样也是比较精准的短视频平台可以尝试，比如，本地门店可以在大众点评上上传视频，旅游行业也可以在专门提供旅行交流服务的平台上发布短视频。只是这些平台对于内容的包容性比较低，其他平台上主流的内容形式在这些平台上不一定行得通，这就需要运营人员不断进行尝试和调整。

4.6 短视频数据分析方法

许多短视频创作者都有同样的困扰：视频传到全网之后，会有很多的数据，自己不知道看哪些，更不知道如何根据这些数据的变化进行分析以调整内容。

短视频因为时间很短，所以要想在短短的时间里抓住用户的眼球，就要求视频有足够的创新力，当内容发布后，所有的结果都是以数据为导向的。

一般来说短视频上线后，要想知道视频的曝光度、播放量和由播放量产生的收益，就要通过一些数据来进行下一步的调整。

（1）用数据确定内容方向

内容制作团队通常会选择自己喜欢的或擅长的内容方向进行创作，因为喜欢才能做长久，才能持续不断地产出内容。比如喜欢做饭，就可以做美食，一开始在美拍或秒拍等短视频平台发送，看播放量和点赞的数据。

初期通过播放量和点赞数两个数据就可以判断用户对哪些视频感兴趣，比如视频中有两个大菜、两个快手菜的制作，4 个视频上线后把数据拿出来分析，可以得出一些特点。然后第 5 个片子就可以在这个特点上去优化内容，进行策划和拍摄，慢慢地，方向就会越来越清晰。

（2）内容持续发布后，通过数据指导运营

短视频内容方向确定后，运营是整个生产线上最为重要的环节，上线后的工作琐碎繁杂，需要通过数据让运营精细化。

①根据数据调整发布时间：每个视频平台都有流量高峰期，所以在初期就需要研究和记录不同平台各个时间段的数据，看看哪个时间段能够获得较高的推荐量和播放量。比如，腾讯在发布之后不能马上获得较高的播放量，需要一周才能看到数据增长情况；而有推荐的平台数据增长量大概是在 24 小时之内，超过 24 小时数据量不会再有明显增长；在媒体平台可能某些早期视频在某一个时间点会突然发生变增的现象。

②用数据指导运营侧重点：收藏量高的视频通常都有一个特点：实用点非

常多，有时候单期内容收藏量极高，是因为视频中的内容很实用，用户怕忘了需要收藏，从而提高了收藏量。

转发量高的视频内容特点：跟踪热点且内容实用的视频，转发量很高，因为用户转发后对其他的人有帮助。例如，与各种安全内容有关的视频，酷炫的视频转发量也会很高。

评论高的视频内容特点：跟踪热点、有用户参与、有嘈点。

数据分析会根据内容、类别方向有所不同，但基本方法大同小异。在内容上，要观察的数据有播放完成率、退出率和平均播放时长。

播放完成率占比高说明内容还是吸引用户的。退出率高可能会有两种原因：一是内容不够有吸引力，二是标题和内容不符，有些视频只是为了追求数据把标题夸大。

平均播放时长可以帮助运营人员调整视频内容，如果一个 2 分钟的视频平均播放时长只有 30 秒，就需要运营人员在 30 秒左右的内容上反复观看，思考用户为什么会在这个时间段退出，是不是废话太多，短视频需要在 5 秒钟内抓住用户眼球。

每个平台都会有自己的数据，通过视频和用户的数据可以了解各平台的一些特性，帮助团队去总结经验，并运用在内容策划中。

数据对于短视频内容创作和运营的指导无须多言，方法也很多，需要创作者们潜心研究，精耕细作，才能有好的作品让更多的用户喜欢。

4.7　短视频平台矩阵营销

短视频如何进行矩阵营销，先要了解什么是短视频矩阵营销。

矩阵营销其实就是多渠道营销，对短视频而言，就是多平台或多账号营销。矩阵营销的好处是有更多的流量入口，让不同平台或账号之间可以进行资源互换，提升总体的粉丝数量。

4.7.1　多平台矩阵

多平台矩阵营销，就是在多个平台建立账号，制作内容并发布。多平台运营，需要熟悉各平台的规则，推广也需要有资金和人力的投入。如果资金充足，当然是多平台运营更好，毕竟多一个平台多一些流量入口。但如果资金有限，人手不够，就可以选择单平台多账号运营。一方面平台单一，人数要求不高，可以节约成本；另一方面，单一平台专注度更高，对平台规则能更好地把控，运营起来更高效。

多平台运营也需要调研和分析，先分析平台目标用户是否与自己产品的目标用户重合，如果重合度太低，则粉丝关注效果不理想，营销效果也不好。另外，还要确定不同平台之间发布的内容是否相同，根据平台的不同，确定自己发布的内容是否要做相应的改变。

需要注意的是，不同平台用户浏览高峰期并不一样，对视频时长要求也不一样，需要运营人员进行数据分析，寻找合适的发布时间及平台，不合适的就要放弃。

4.7.2　单平台多账号

单平台多账号运营，即一个平台多个账号运营。这种运营方式在抖音上经常看到。同一个人，出现在多个账号的抖音视频里。需要注意的是，单平台运营，不同账号之间发布的内容不能完全一样，否则不能被平台推荐。

另外，针对同一目标用户群体，根据其需求可以做不同类型的短视频来吸引他们。比如目标用户是年轻的白领女性，既可以做与美食相关的视频，也可以另起账号做美妆的视频，账号之间互相推送。这样，一方面能获取更多的目标用户，另一方面能将现有用户引流至其他账号，实现资源互换。

4.8　如何用手机拍好短视频

手机拍摄短视频，一定发挥出手机的优势，对比摄像机或单反来说，更快更轻更简单直观操作是手机拍摄的优势。虽然手机也在不断地提升画质和拍摄方面，但是，"底大一级压死人"的道理依然是存在的，即感光芯片的大小影响了视频质量。传感器的优势是相机（摄像机）的优势，也造就了体积更大和不便携的缺点。手机通过算法进行优化，可以发挥手机轻便以及操作简单和拍摄直观的优势，在多种环境下随时记录。我们要扬长避短，发挥手机的编写优势，减少或者优化拍摄画质不足的优势，比如通过黑暗环境补光的方法改善。

一个好的短视频是多个因素决定的，什么是好的短视频？做任何一个短视频都有目的性，就是通过视频这一个媒介，通过视觉传达给观众群体，最终的目的就是给观众看，那么"好看的"短视频就是好视频。观众看了觉得好看，那么这个视频在一定程度上就是好视频了，所以，做短视频一定以目的为导向。制作之前一定思考：我为什么做短视频？我做短视频的意义在哪？我这个短视频给谁看？这样简单的思考就可以把视频的意义、目的、以及目标群体清晰地定位，这样拍摄时候就有目的去拍，而不是盲目拍摄了。

短视频制作可以分前期策划、拍摄等和后期制作、剪辑包装等两大方面。

4.8.1　前期拍摄准备

拍摄前先明确拍摄目的，然后根据拍摄需要选择相应设备，拍摄相应视频。因此，一定在提前设计好拍摄的目标和内容，这样才能确定好拍摄需要的器材。例如户外的视频，拍摄需要外出，设备齐全是必需的前提，我们很难将全部器材都搬到拍摄现场也不需要全部的器材，根据拍摄内容去选择，这是拍摄设备的选择和前提。甚至跨越地区的拍摄，都需要将设备整理好，避免遗漏。拍摄人物访谈短视频时候，很明显是一个访谈类型，目的是采访人物的××内容，那么可以根据这一类型和内容，选择需要的设备了。画面肯定是需要一台手机，其次是采访需要录音，因此选择收音设备，最后，访谈时室内要考虑到光圈、快门、感光度三要素，光线越暗画面越黑，这里就需要灯光进行补充了。

这里放一个推荐的表格，见表4.4，可以进行参考拍摄的一个大概准备。

表 4.4 拍摄准备参考表格

场景	人物	内容	声音	目的	设备

4.8.2 拍摄设备

我们在拍摄的时候，技巧是一方面，设备是另一方面，好的设备能够帮助我们拍摄更加轻松。"人会使用工具"这一句话说得就是如此。有的拍摄者在开始拍视频的时候，因为手不稳，经常出现画面抖动的问题，这时候我们可以借助自拍杆或者手机稳定器去帮助我们将画面稳定。拍摄画面最直观的就是要稳定，也是第一要素，否则画面摇晃就会导致场景交代不清晰和观看者眩晕的问题；我们在拍摄剧情类短视频的时候，也会出现因为距离远导致声音杂乱的情况，这时候我们也可以借助领夹麦克风或小蜜蜂等收音设备辅助提高收音质量。

（1）稳定、固定类工具——自拍杆、手机稳定器等

平时使用可伸缩立地式的三脚架（图4.21）和大疆手机稳定器（图4.22）。可伸缩立地式的自拍杆放在地上最高1.7米左右，这样的设备在拍摄日常记录以及单人拍摄时较为方便。可以手持拍摄，也可用于固定机位的手机直播，部分自拍杆还配套蓝牙功能，使用场景覆盖广泛，使用也轻便。我们调整后视角和画面后，将自拍杆连接到手机，即可远距离遥控拍摄（尤其适合单人拍摄）。而大疆手机稳定器等类似智能稳定器，在拍摄运动场景较为合适，画面稳定性高，同时便携性好，在一些特技或高难度拍摄时能进行适当的辅助，但需要一定的使用技巧，拍摄样式也更为丰富。

使用方法（以伸缩立地式三脚架为例）：首先将伸缩杆展开，如果要放在地上，则将下面的三角展开部分拉伸打开；之后，我们将手机放置在手机夹位置，调整合适位置；最好，根据拍摄需求将整体活动部分再次调整。调整完成后开始视频的拍摄。

图 4.21　伸缩立地式三脚架（折叠图）

图 4.22　大疆 DJI Osmo Mobile 6 OM 手机稳定器

使用方法（大疆手机稳定器）：大疆手机稳定器等（图 4.22）类似智能稳定器使用前，要注意手机未放置好或调平时候不要开机，否则会损坏手机稳定器（具体以该设备使用说明为准）。我们将手机固定至手机夹位置，并进行手动调平，调平后可开机。智能手机稳定器的优势是活动场景更加稳定，例如我们在跟随拍摄时，手机即可在最大程度稳定画面不晃动，尤其是在拍摄运动场景或跟随目标物体运动时候，手机的轻便稳定配合手机稳定器的稳定效果，画面效果稳定性好。

（2）收音类工具——领夹麦克风、小蜜蜂等

因为手机拍摄短视频时，也会伴随着声音的记录，在室内等近距离可以使用手机自带的麦克风进行使用，自带的麦克风也含有一定的降噪算法，稍微杂乱的声音也可以通过后期降噪处理；当距离较远或者环境较为杂乱，会影响我们声音的接收，例如户外空旷场景，这时候手机自带的麦克风收音效果会不理想，这时候除了我们将手机离近以外，也可以借助辅助设备配合收音，例如无线领夹麦克风等（图 4.23）进行远距离收音。那么我们判断是否需要使用辅助麦克风的时候，最佳办法就是录完短视频后，回放看一下声音大小是否合适（具体使用方法以产品说明为准）。

注意：使用领夹麦克风等类似无线麦克风时，一定注意接收距离和环境干扰，如果设备环境较多无线设备时候，会造成信号干扰导致声音接收不清或没声音情况，距离较近也会造成声音不佳情况，在视频拍摄之前需要提前调试；

外接麦克风时经常出现底噪的现象，可在设置麦克风灵敏度时候进行调节，或降低麦克风的收音音量，减少杂音或底噪出现。

图 4.23　无线麦克风领夹猛犸 lark150

（3）拍摄类设备——手机或相机等

短视频手机拍摄优势是轻巧便利，上手难度低。我们在拍摄时，要进行拍摄的相关设定。首先要确定画面的比例，画面比例其实是由于播放设备所决定的，例如主流播放设备多为 16∶9，像家用电视或电脑屏幕等。因此，我们拍摄时也要使用类似比例保证最佳观看效果，例如常用短视频拍摄比例为 16∶9 竖屏，我们手机竖屏播放画面最大，横屏时候画面往往较小，所以抖音多为竖屏或横屏比例为 16∶9。我们在拍摄前需要提前确定好比例，也有为 4∶3 等画面比例，我们在拍摄时需要提前设定，为视频后期剪辑减少不必要的麻烦；其次，我们进行设置画面的分辨率，这直接影响画面的清晰度，也就是视频的拍摄质量。常见的分辨率为 1080P、2K、4K 等，分辨率越高越清晰，同时对手机的要求也越高，视频占用的空间也会越大，推荐使用 1080P-60 帧分辨率（图 4.24），拍摄出来的视频更流畅更清晰。

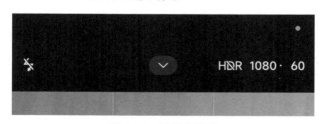

图 4.24　拍摄分辨率

最后，就是辅助设备的使用了，配合我们拍摄的相关场景，例如无线收音麦克、手机支架及场景的布置，我们前期准备工作完成就可以拍摄了。

4.8.3　手机拍摄

当我们根据拍摄的场景调整好设备后，就可以准备手机拍摄了。在手机拍摄过程中，以"让观众看到你想让他们看的"为目标去拍摄，即你所拍摄的就是他们看见的内容，每个镜头画面要有意义，同时让观众看得明白，不需要过多的拍摄技巧等，只需要将画面让观众看明白即可，过多的拍摄技巧可能适得其反，忽略了视频的内容。

因此，我们可以采用"主景居中"等方法拍摄，辅助用上面介绍的方法，例如借用手机支架稳定画面。将拍摄物体放置画面中央进行构图，这时候我们可以在手机设置中打开九宫格参考线（图 4.25），辅助我们将主体物放置画面中央。但放置中央往往不够，我们的背景如果较为杂乱，需要进一步突出主体物，可以将主体物"放大"即用近大远小的方式，把主体物离摄像头更近，进行突出；另外，也可以借助"景深"的方法，将主体物后的背景虚化，将摄像头焦点对在主体物上，背景会自动虚化，可进一步突出主体物。

最后，我们也可以采用环境布置方法突出主体物，将画面无关的物体去掉，只保留被拍摄的主体，例如纯色白墙等背景等，只保留拍摄物体在画面中。

图 4.25　手机拍摄九宫格参考线

第 5 章　H5 营销

随着互联网的发展，H5（HTML5，移动端网页）已经成为一种全新的社交传播媒介，H5 广告营销被应用于各大网络平台。

5.1　H5 的概念和类型

5.1.1　H5 的概念

H5 即超文本互动语言（Hyper Text Markup Language）的第五代产品。"超文本"是指页面内含有图片、链接、音乐、程序等非文字元素。人们上网所看到的网页，多数是由 HTML 写成的，现在的 H5 泛指移动端中传播的带有特效、声效以及互动体验的 Web 网页。

5.1.2　H5 的特点

H5 广告之所以受欢迎，得益于 H5 的强大功能。H5 最显著的特点是跨平台，是通用于 PC、Mac、iPhone、Android 等主流平台的语言。用 H5 搭建的站点可以轻易地移植到各种不同的开放平台、应用平台，打破了传播壁垒。因强大的兼容性大大降低了制作与传播成本。H5 广告正是基于 H5 技术快速发展起来的一种营销推广方式，多使用在媒体移动端，相比传统的平面广告，移动端的微信、微博，极大地增强了用户的体验。

常见的 H5 广告有滑动触屏体验和场景式体验。滑动触屏体验是通过指尖点击手机屏幕并左右滑动，高度集中了受众对产品的注意力。场景式体验则增强了场景体验感，通过酷炫的场景设计，营造广告场景的氛围感，使受众参与其中，减少对广告的抵触心理。

H5 的第二大特点则是能本地存储，不必下载，即点即用。基于 H5 开发的轻应用相比本地 app 启动时间、联网速度更快，不必下载意味着不占用本地的存储空间，同时，H5 让开发者不必依赖第三方浏览器和插件就可创建高级图形、版式、动画等。

5.1.3　H5 的类型

H5 的使用场景较多，大致有幻灯片翻页、场景模拟、交互游戏、问答测试几类。

幻灯片翻页是较常见类型，制作简单，只需将照片、插画、Gif 图等配上少量文字即可，网络上有很多这类模板，根据不同行业直接使用，替换内容即可，不必单独开发。

场景模拟是使用户置身于虚拟场景当中体验产品，较为常见的是全景 VR 逛街试衣场景，用户以第一人称打开 H5 页面，跟随页面提示进入，根据剧情设计步步深入。

交互游戏本质上是企业通过 H5 游戏推广品牌，由于操作简单、竞技性较强、游戏过程随时分享，一度风靡朋友圈。

问答测试形式使问卷调查趣味化。企业的市场调研部门或者研究者在设计问卷调查时，可利用音效、色调、版式设计等视觉效果极好的画面，激发用户的探索欲和求知欲，引导用户一环一环地突破，降低答题的枯燥感。

5.2　3 分钟制作 H5 页面

5.2.1　H5 的制作工具

对于初学者来说，网络上有很多简单易操作的设计平台，可以方便、快捷地设计 H5 作品，没有代码、学习背景也可完成。无论使用哪个平台，建议使用微信账号登录，既方便 PC 端、移动端统一管理，还免去了使用微信打开 H5 作品时再次登录的麻烦。

H5 的制作工具有：MAKA、易企秀、兔展（RABBITPRE）、意派·Epub360、人人秀、iH5、70 度、Mugeda（木疙瘩）等。

MAKA 的主要用户群体是设计师，海量 H5 模板，功能较少，操作体验优良。

易企秀面向普通用户，是定位简单的翻页模板，模板较多，像会议邀请函、电子贺卡、动态音乐相册、电子微杂志都可制作，用户同时也可以发布模板。

兔展（RABBITPRE）面向普通用户，上线了 PSD 导入功能。因兔展专注于 H5 技术实现，是微信 H5 页面、微场景、微页、场景应用的专业平台。

意派·Epub360 是一款专业级 H5 制作工具，企业用户较多，很多功能需要开通年度 VIP 才可使用。

人人秀定位简易级操作，可免费制作 H5 页面，如轻松创建微信红包活动、投票活动、抽奖红包、照片投票、转盘抽奖等。

iH5 是一款专业级 H5 制作工具，功能强大，用户可以编写代码。此款不适合初学者。

70 度，是微场景和 H5 页面制作平台，定位普通用户，用户可通过 web（网络）上传作品到各大平台。

Mugeda（木疙瘩）是专业级 H5 交互动画内容制作云平台，不必下载、安装即可在线创作专业动画。

5.2.2 H5 的制作技巧

制作一个高级的 H5 页面，准备工作尤为重要。制作前，需要明确几点：主要用途、风格定位、传达诉求、文案脚本。个人用途通常是制作个人简历、婚礼邀请函、电子相册等；企业用途通常为招商加盟、人才招聘、公司介绍等，根据用途、范围，寻找相对应的模板。风格定位则是根据用途选择合适的模板，是简约大气、古典怀旧、潮流时尚，还是商务风？传达诉求与文案脚本都关系到用户，希望被哪些用户看到并转发。什么样的文案容易引起共鸣，多少页合适，如何拟定标题，如何选择合适的图片，等等。

准备工作完成后，开始制作 H5 页面。以"易企秀"为例：

第一步：注册账号。微信扫码登录即可。

第二步：创建作品。根据用途选择合适的模板。

第三步：进入"模板商城"。可选择"免费"或"会员免费"。如制作要求不高，可以选择免费模板，直接修改文案和图片即可；如制作要求较高，选择付费模板，或者根据自己的制作基础自己制作。

第四步：编辑页面。选择一个模板，进入 H5 编辑页面。

编辑页面包括：文本、图片、音乐、视频、组件、智能组件、特效、协作、更多、预览、设置、保存、发布、退出。把鼠标的箭头放在对应的图标上，即可查看相应的功能。

编辑页面的右侧是页面设置、图层管理、页面管理。点击页面设置，可修改当前页的文字、图片、音乐、特效等；选择页面管理可对不同页进行修改。

编辑页面的左侧有一些文字和图片素材可供选择。

第五步：修改完成，点击右上角预览。

"预览"界面为手机观看效果，在预览页面的右上角可以设置"封面""标题""摘要"，便于分享朋友圈、好友群时更好地展现 H5。

第六步：若无修改即可保存并适时发布。

5.3 如何使用 H5 传播农产品？引发农产品使用 H5 转发的心理因素有哪些？

一个完整的农产品 H5 页面，在策划初期就要根据它的特性，从创意、文案到构图，以及农产品传播的创作诉求，造就它自带的营销属性，让农产品消费用户转发、互动，以提高该农产品的知名度并增加销售量。引发农产品的 H5 转发行为的心理因素主要有好奇心、好胜心、情感共鸣和利益驱使。

5.3.1 好奇心

好奇心是学习的内生动力之一，农产品精美的图片和文字，可引发用户的点击行为。当用户打开页面后，认可其内容价值，会主动分享给其他有需要的群体。

5.3.2 好胜心

关于农产品品尝类、测试类、知识类、竞赛类的 H5 更容易被用户转发，点击链接就可以看到该用户的竞赛等级、获奖情况、得分排名、测试结果等，同时可以随时加入比拼队伍，这都是基于用户的好胜心。用户都有一个被认同、被肯定的心理，通过品尝、竞赛和测试的结果、比分、排名，展现出我比你强，此操作简单、容易上手，同时在分享过程中，满足了用户爱炫耀的心理。

5.3.3 情感共鸣

无论是节庆活动，还是品牌塑造，使用 H5 讲好农产品的文化传承和生产者的故事，引发共鸣，是内容策划的关键。有一则《嘿，你多久没得过奖状了？》的 H5 营销，以奖状传递温情，分享快乐，号召网友完成儿时的奖状梦就是使用了"情感共鸣"的手法。

5.3.4 利益驱使

部分农产品经销商通过 H5 营销分享农产品卡券、实物礼品等，让用户转发给好友、好友群，以获取一定的奖品或优惠，从而引发"病毒性"传播，达到营销目的。H5 营销中因有实用性强、优惠力度大的折扣券等优惠信息，网友也乐于转发。

第6章 直播营销

6.1 直播策划

直播策划是做好直播带货的关键。直播做得好不好，观众往往是看主播在直播中的互动和口才以及直播间氛围，观众大多时候会忽略掉主播，乃至整个运营团队在直播前做的筹备、策划工作，以及直播后的复盘工作。

做好一场直播，特别是营销带货直播，在直播前要做好策划及筹备工作，让几个小时的直播更加可控，直播数据更好。

6.1.1 直播筹备攻略

直播可以分成 4 个步骤：选定主题、策划脚本、直播预热、人货场组建（图 6.1）。

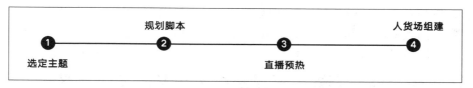

图 6.1 直播筹备步骤图

（1）选定主题

直播间挑选一个主题的目的就是给直播间多一个噱头，给粉丝多一个进入直播间的理由。比如，直播主题是：716 生日会，全场优质农产品福利大放送！这就是给直播间多了一个噱头，直播卖货，本质还是做生意。明白卖货的主题后，再来了解一下从哪些方向入手。

这里给大家提供 6 个主题，分别是：穿搭分享、好物种草、爆款新品、粉丝回馈、节日特价、日常互动。

对于做农产品类目的商家来说，好物种草、节日特价、粉丝回馈可以重点借鉴（图 6.2）。

①好物种草：好物种草就是通过图文、视频、直播的形式，让用户快速对农产品产生兴趣且激发购买欲。当好物种草运用到主播选题上，可以理解成本

策划直播内容主题，可以从以下 **6**个主方向入手：

「穿搭分享」「好物种草」「爆款新品」

「粉丝回馈」「节日特价」 「日常互动」

图 6.2　策划直播内容的 6 个主题

场直播的内容是给大家分享农产品，是值得购买，性价比高的好物。

②粉丝回馈：粉丝回馈的意思是本场直播以感恩的目的给陪伴自己的粉丝做福利大放送。站在做生意的视角上看，这是一种营销手段，也是一个噱头，大、小主播都会用的主题。

③节日特价：节日包含并不局限于国内各个法定节假日、主播生日、周年、农产品收获日等大促活动。很多主播会蹭节日的热点，通过节日特价主题向粉丝传达直播福利，产品价格低，从而达到吸引用户进入直播间。

明确了自己的直播目的后，还可以根据个人喜好，散发思维，选择主题。

（2）规划脚本

首次接触农产品电商直播对脚本是比较陌生的，看的综艺、短视频、电影背后都有脚本。简单理解脚本就是工具，是帮助电商和直播人员更好地开展农产品直播的工具。脚本是由直播时长＋直播内容＋预算和营销方法组合而成。脚本可以帮助主播掌控直播节奏，让主播掌握不同时段应该做什么。

日期	主题	直播时长	内容梗概	详细内容	时间
3月8号	小芈女神节春季童装专场	2小时	1:前期宣传预热	配合段视频/微信/QQ/公众号/社群预热直播福利以及时间，引导关注	提前一周
			2:直播活动介绍	介绍当晚的活动主题/优惠券/1折扣力度	10分钟
			3:直播预览	当晚直播产品预览	10分钟
			4:直播活动	抽奖/截屏/发红包	5分钟
			5:直播介绍	1:提出需求激发购买欲望（季节/场景/日常需要等等）2:品牌背书 产生信任基础（天猫or淘宝品牌）3:卖点提炼增加购物兴趣（提炼精准3-5个核心卖点击破购物防线）4:直播优惠 刺激购买冲动（原价多少现价多少突出省了多少钱刺激原始购买冲动）限时/限价/限量	80分钟
			6:直播总结	回复粉丝问题，预告下期主题	15分钟

图 6.3　直播脚本模板

82

举个例子，假设直播 2 小时，除去直播前暖场 10 分钟、直播收尾答疑抽奖 10 分钟，还有 100 分钟。100 分钟内如果要介绍 20 款产品，意味着每款商品的介绍时间＋营销上架时间平均只有 5 分钟，倘若在介绍其中一款商品时超过了 5 分钟，那原定好的节奏就乱了。创建脚本可以参考图 6.3 脚本模版，并提前规划脚本。

（3）直播预热

直播预热是直播筹备的第三步，很重要。大多数主播在直播前都会预热。

直播预热的底层逻辑是想办法让更多人知道你什么时候开直播，直播内容是什么，直播有什么价值。有了这个行为，会增加直播间的流量，这也是直播预热的主要目的。直播预热具体做法是：预热渠道、短视频预热、预热节奏、预热工具（图 6.4）。

图 6.4　直播预热安排

①预热渠道：直播预热是将下场直播的信息透出，触达给现有及潜在的粉丝。找到农产品的潜在粉丝确定好目标就能定向推送。我们可以利用站外的第三方社交平台做预热，比如微信、微博等，微信可以发朋友圈，或者在社群里发直播链接，让更多用户知晓直播信息。也可以在短视频平台内做预热。修改个人简介、昵称、视频文案，当粉丝访问主页时也能知道直播信息。

②预热短视频：短视频平台内本身有着巨大流量，个人粉丝数不代表平台总流量，那么如何在平台内让没有关注到的粉丝看到直播信息并进入直播间呢？可以通过短视频预热，也就是创作短视频的形式做直播预告。在短视频里强调开播时间，直播福利等。

③预热节奏：农产品商家知道了预热直播的方法，接下来就要了解预热节奏。例如，拟定明天开直播，那什么时候预热最合适呢？如果是站外预热，一般提前 1～3 天；而站内文字预热一般提前 1 天，因为大多数主播每天都在开直播。做短视频预热建议头一天发布，如果要推广，推广的时间可在开播前 4～9 小时，以便给系统更多筛选优质用户的时间（图 6.5）。

④预热工具：为了更好地帮助农产品主播做直播预热，有些平台推出预热工具，比如创建预告信息展示在短视频或者个人主页。以快手平台为例来说明如何创建直播预告。第一步：开直播点击更多；第二步：选择直播预告；第三

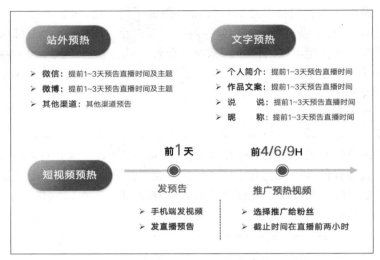

图 6.5　直播预热内容

步：编辑直播时间、内容；第四步：关联视频；第五步：设置成功，粉丝可在短视频里点击预约直播。见图 6.6。

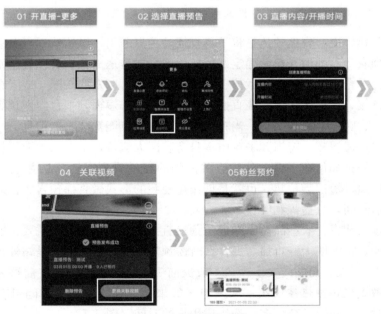

图 6.6　直播预热步骤

（4）人货场组建

直播电商是一种商业模式，任何商业模式离不开人货场，那么从人货场的视角来分析，想要做好一场农产品卖货直播，需要在这 3 个维度上有认知。

①人：当一个农产品小白主播逐渐走向成熟主播时，随着直播数据的不断提升，销售的产品越来越多，gmv（商品交易总额）不断增长，这时一个人可能忙不过来，需要开始组建团队。直播团队一般有 4 个角色，分别是运营、主播、助理、助播。

因角色不同，职责也有差异，运营是直播的总统筹，负责资料的整理、数据分析等；主播负责产品的讲解、销售、调动直播氛围等；助理负责核对产品以及公布优惠政策等；助播负责配合主播讲解产品，引导客户下单。直播电商初期可能就一个人，这时候需要主播身兼多职，卖货的同时要担任运营、客服等角色，比较辛苦，待后期销售额稳定后可以考虑扩张团队，更好地完成卖货直播。

②货：成熟农产品主播有一个共识：直播的销售额跟农产品货品有很大关系。货品分为选品和组品。直播选品很重要。

农产品货品的基础结构分为引流款、畅销款和利润款。引流款的主要目的是吸引流量，占比约 10%，假设一场直播卖 30 款商品，其中可能会有 3 款是引流款；畅销款的主要目的是提高人气，约占 20%；利润款的主要目的是获得利润，用于赚钱。在直播中约占 70%。上述的"占比"并非标准，仅可作为借鉴。很多农产品主播会根据自身实际情况调整各项占比。

农产品的引流款、畅销款、利润款该如何选择呢？例如，我销售水果，那我的引流款可能就是苹果，假设市面上的苹果是 6 元/斤，那么我将苹果便宜出售，只卖 3 元/斤，因优惠明显，就能达到引流的目的。畅销款应选择当下大众都爱吃的新鲜的时令水果，会比一般的水果更容易销售。利润款对应的是高档水果，例如一些高品质葡萄，因价格高能产生利润，这就是利润款。见图 6.7 所示。

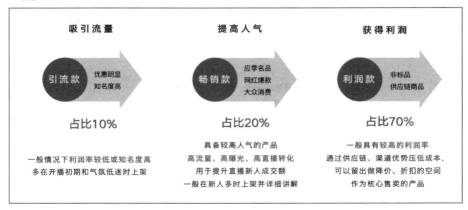

图 6.7　各款占比参考标准

③场地组建：直播场地基础要求如图 6.8 所示，有清晰度、明亮度、背景、画面比例 4 个要素。清晰度跟直播的手机有关，如果用手机直播，直播手机的前置摄像头的像素应在 700 万以上。明亮度受灯光的影响，建议在开直播之前先测试一下灯光，调整至最适合的状态。背景可以选择货架，如果是原产地直播，可以直接用实景，调整好画面比例能带给直播间粉丝一种舒适感，为直播间加分。

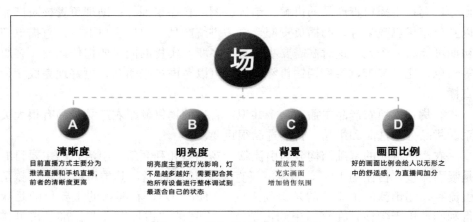

图 6.8　直播"场"的组成内容

对于图 6.8 中的 4 个要素，可以通过反面案例来加深印象，重点表现在清晰度低、明亮度差、背景脏乱、画面比例失调等，以避免踩雷。

关于直播筹备的攻略，可以总结为：直播首先定主题，规划脚本有逻辑，提前预热别忘记，人货场组建要备齐（图 6.9）。

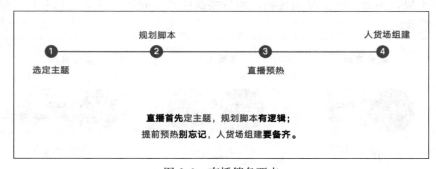

图 6.9　直播筹备要点

6.1.2　直播技巧

要想在农产品领域扎根并取得优异成绩，很重要的一点是要学会总结前辈们留下的宝贵经验，直播电商也一样，它并不是一种很新的商业模式，因为已经有很多人进入已赚到了钱。针对还没有进入以及刚刚进入不久的农产品商家，通过学习直播技巧也可以做好农产品直播。基础的直播流程见图 6.10。

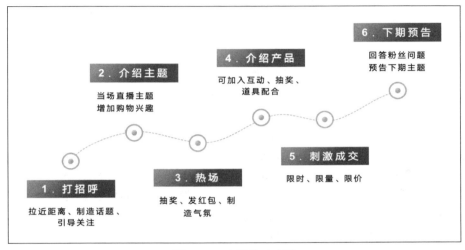

图 6.10 直播基础步骤

农产品卖货直播的流程分 6 步：①打招呼，问好；②介绍直播主题，告诉用户本场直播的内容，增加其购物欲望；③热场，可以发红包、抽奖，其目的是调动直播间氛围；④介绍产品，步入正题，开始卖货；⑤刺激成交，比如限时、限量、限价等；⑥下期预告，直播快结束时给粉丝做答疑，并且预告下场直播的主题和时间。

在直播时有些技巧可以达到提升直播间人气的作用，也是很多农产品大主播经常使用的技巧。

（1）互动频繁

大多数的主播在直播时都会做一些欢迎互动、点赞互动等，比如欢迎某某，进入直播间。此外在直播时还可以做关注互动、转发互动、问答互动、福利互动，并且在直播过程中不断地、反复地去做，目的是拉高直播间权重，让更多的人进入直播间，从而提升直播间人气。

（2）思考清晰

农产品销售技巧的核心点是思路要清晰。一般农产品主播在介绍产品时不可只说"我的产品好看、好吃"这类词，而要有自己的一套逻辑。这套逻辑并不代表所有主播都会用，但可作为参考借鉴（图 6.11）。

以图 6.11 所示，直播产品的销售思路大致分成 7 步。

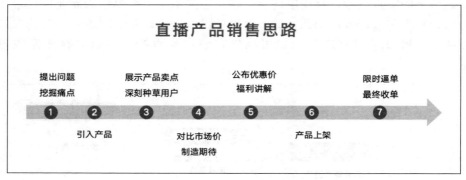

图 6.11　直播产品销售思路

第一步：提出问题，挖掘痛点。比如，直播中卖橙子，在介绍产品之前可先抛出问题："大家有没有发现，到了夏天，特别是三伏天，自己的食欲变得不好了，有些倦怠无力。这可能就是身体缺少维生素 C 的表现，长期缺少维生素 C 还可能出现贫血，导致机体免疫功能下降，病毒容易找上门"。

第二步：引入产品。接着会跟直播间的粉丝说，现在给大家介绍一款水果，它含有丰富的维生素 C，而且还有维生素 P，能增加机体抵抗力。没错，就是这个橙子。

第三步：展示产品卖点。可以详细介绍一下产品具体有哪些卖点。

第四步：对比市场价，制造期待。告诉用户平时市面上的橙子卖多少钱，今天在直播间买回家只需多少钱，做成交之前的铺垫。

第五步：公布优惠价格及福利。说出今天在直播间能以多少钱买回家的同时，还可以拍一发二，或者再赠送几个橙子等。

第六步：产品上架。

第七步：告诉直播间的用户，前面公布的优惠政策只限前多少件商品，或者只限在直播下单等。目的是营造紧张的直播氛围，督促用户下单。

6.1.3　直播转化工具

不同的直播平台都会推出一些帮助主播提升转化的工具，比如做商品的优惠券、福利购等，首先讲解红包和优惠券。

（1）红包/优惠券

以快手为例（图 6.12），可以发红包，并设置抢红包的门槛。比如用户只有关注主播后才可以抢红包，红包设置时间为 10 分钟，所以留在直播间看直播的用户抢到红包的概率更大，经过设置后的红包会帮助拉长用户停留，或得到更多关注。因优惠券可以促进转化，所以需要商家提前设置好优惠券。

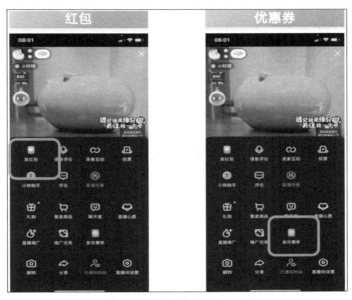

图 6.12　直播产品营销工具

（2）福利购

　　除了红包和优惠券，还可以设置福利购，以达到留人、转化、涨粉的目的。福利购的设置如图 6.13 所示。第一步：点击直播卖货，进入商品列表；第二步：点击福利购；第三步：挑选一款高性价比的商品做为福利购商品；第四步：设置抢购门槛。设置的门槛有达到观看时长才能购买、达到粉丝团级别才能购买、达到今日购买单数可以购买、只有粉丝才能购买等。直播时可以根据实际情况来设置门槛，需要注意的是福利购一定要体现高性价比。

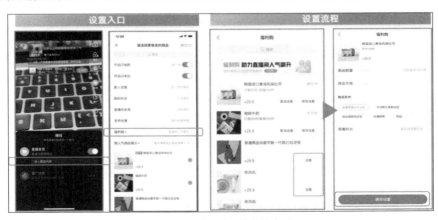

图 6.13　设置福利购的方法

6.2　直播准备

要确保一场直播效果最大化，就要对农产品直播前的"人""货""场"3项准备工作不可忽视。

6.2.1　"人"的准备

这里的"人"指的是农产品主播。网友进入直播间时第一眼看到的就是主播，其外在形象、口语表达、精神状态，直接体现出主播是否专业。有句话叫"因为专业，所以信任"，假如直播间用户信任主播，下单的概率会大大提升，所以要把前期的准备工作做好。

"人"的准备有积极饱满的状态、干净整洁的形象、良好的表达能力和话术3点。

（1）积极饱满的状态

主播在开直播的时候一定要精神饱满。因为在直播间卖农产品，一场直播下来要 8~16 个小时，时间短的也花 3 个小时以上。在直播时，要不断地去调动直播间的氛围、粉丝的积极性，要让观众一直留在直播间，还要耐心回复观众的问题，在直播时一直保持良好的耐心和较好的亲和力，这些都是"观众缘"的重要组成成分。一般，观众进入到一个陌生的直播间，不喜欢看到主播的阴沉脸，没精神状态，说话也没力气。因农产品卖货直播间对主播要求更高，每个农产品主播在开播前要做好心理暗示，确保一场直播下来都有一个积极饱满的精神状态。

（2）干净整洁的形象

很多农产品商户布局直播时，担心主播的颜值。其实观众在农产品卖货直播间对于主播的颜值要求并不是太高，普通人的相貌可能会更贴近观众。需要注意的是，主播要化淡妆，衣着整洁大方，给人以良好的第一印象（特殊人设主播除外）。因不同行业主播的侧重点有所不同，所以农产品主播最好是保持本土本色，贴合当期农产品直播主题。

（3）良好的表达

因直播间没有字幕，内容全靠主播传递给观众，所以对农产品主播的表达有一定要求。需要主播有恰当的语速（不能过快，观众容易听不清；不能过慢，影响直播节奏）和较为标准的普通话。此外，主播的表达能力也需要靠日常直播过程中的积累和总结。

6.2.2　"场"的准备

农产品直播"场"的准备，有装修、灯光、设备和道具之分。

（1）装修

装修出好的农产品直播间，要注意两点，一是面积，二是直播间背景。面积大小要有空间感。若条件允许可以设立单独的直播间，这样可以更好地把农产品展示出来。直播背景可使用深色，少用白色、浅色。可用简单的品牌 logo（徽标或商标）背景墙，显得清爽干净，或者按照产品使用场景，用货架来代替。装修的核心目的是让粉丝看着舒服，充满信任感。

（2）灯光

直播间的灯光很重要，一个是顶部灯光、一个是直播间的环境光。因顶部灯光打在直播间内要均匀、明亮，可选择散光性的 LED 灯。环境光则推荐美颜环形灯作为补充光源。直播间灯光的基本要求为光线明亮，避免过曝、逆光。

（3）设备

手机直播的基本组合：手机＋支架＋补光灯＋有线耳机；手机直播升级组合：手机＋支架＋补光灯＋话筒＋声卡。

电脑直播：电脑、摄像头、补光灯、声卡、话筒。选择高清摄像头或摄像机，清晰度更高。

支架：支架的必要性除了固定角度就是科学防抖。

声卡：职业主播的直播之所以有趣，是因为主播在直播间的音效声恰到好处，观众热烈的鼓掌声，能缓解尴尬并烘托氛围，让人有很好的观看体验和互动感。

（4）道具

农产品直播卖货时，为了更好地展示商品，需要准备一些道具。比如在直播间卖水果，可以提前准备一把水果刀和一只玻璃杯，当着观众的面将水果切开，既可以展示果肉，也可以将水果的汁液滴进玻璃杯，现场做果汁。

6.2.3 "货"的准备

对于农产品商家来说，卖的都是农产品，但是不同的农产品的卖点是不一样的，可以参照表 6.1 做内容填充。例如，农产品的基础信息（产地、品牌、类别），商品的价格（市面上的价格，直播间的优惠价，直播间的到手价），商品的卖点（目标用户是谁，能解决目标用户的哪些痛点，该商品是否被其他达人种草过），商品的 Q&A（直播时用来提示主播，遇到常见问题如何解答）等。

表 6.1　直播农产品卖点表

序号	品牌	类别	名称	链接	图片	独家优惠			卖点					卖点提炼	卖点提示牌	Q&A	参考直播话术
						日常售价	直播间优惠	直播间到手价	目标人群	痛点	产品对比	信任背书	活动解说&比价				
1	精华	精华	黑头清理液						学生、职业白领	草莓鼻		小红书、微博达人推荐			9 年销售冠军；轻松溶解黑头	Q: 黑头是如何形成的？ A: 油脂分泌过多，堆积在毛孔堵塞时间长了，就会出现黑头。 Q: 主要成分是什么？ A: (答一个主要的即可) Q: 它是如何清除黑头的？ A: 采用的是溶解黑头，不会因为撕扯毛孔而造成二次伤害	
2																	
3																	

6.3　直播包装

直播推广可以增加直播人气，为直播间带来更多精准粉丝。也有专业的投流团队在利用直播推广实现涨粉、卖货。作为一名农产品主播，需要懂得如何去做直播推广投放，目的是增加直播间人气，提高直播间的农产品销量。投流技巧分为直播封面标题技巧和直播投放技巧两个板块。

6.3.1　直播封面标题技巧

在农产品推广投放时，要用直播封面标题，是因为在推广的时候系统将直播间推送给更多的用户，用户第一眼看到的是直播封面标题，如果封面标题不够吸引人，那么用户可能就不会点击并进入直播间，所以制作优质的直播封面标题很重要。要制作出优质的封面标题，首先要明白什么样的封面标题才是优质的。

优质的封面标题往往可以提升点击率，这里先要区分一个概念——曝光不等于点击。例如系统将直播间曝光给 100 人，其中 40 人点击并进入了直播间，那么直播间的点击率就是 40%。普通案例的点击率不足 5%，原因是封面像素模糊，商品展示不清晰，封面字体杂乱。而优质案例达到了将近 60% 的点击率，非常高，是因为封面标题激发了用户的好奇心。

制作优质的农产品封面标题通常有 8 个重要因素。关于封面：第一要做到竖版高清，画面精致；第二是出镜人物主体居中或者对称；第三是产品露出，突出产品；第四是直播间实景的高清图。

关于标题：第一是简单明了，不超过 10 个字；第二是有关键词，透露出关键信息；第三是标题带有趣味性；第四是运用标题通用公式。

以上 8 个要素并不要求面面俱到，制作封面标题时能满足 3～4 个即可，后期可逐渐提高要求。

除了要学会制作出优质的封面、标题，还要明白封面、标题的雷区，因不小心违规会给直播间降权，严重违规还会封禁账号。关于农产品封面标题的高频违规有 4 个雷区需引起重视：一是标题骗点击，视频内容跟标题毫无关联，但标题过分夸大，导致违规。二是视频内容诱导关注，标题透出关注的福利，但实际上获得福利的门槛很高，甚至要让用户花钱，这类视频容易被用户举报。第 3 个、第 4 个情况类似，也是商家最喜欢用的：封面标题透出价格、折扣，这是大多数平台不允许的。

6.3.2　直播投放技巧

当农产品直播满足封面、标题优质且不违规条件时，就可以放心地去做投放。

（1）推广入口

首先要知道在哪个入口购买推广，下面以快手平台来举例，大家可以参看下图。开始直播时点击更多，找到直播推广，然后就可以购买了。如图 6.14 所示。

图 6.14　快手直播推广方法

（2）投放功能解析

当我们购买推广后，直播间就会被曝光，直播间分别是关注页、同城页和直播广场。3 个不同的曝光位，针对的用户群体也不一样。关注页是提醒现有粉丝，当粉丝基数达到上万以后才对现有粉丝进行推送。同城页是针对同城用户，如果有线下实体店，可以考虑投放同城页。直播广场的流量最为精准，浏览直播广场的用户可能喜欢看直播，如果他们逛卖货直播间，说明有购物需求。大多数卖货商家都会投直播广场进行直播推广。

进入投放页面后，能看到期望提升这一栏（图 6.15）。这栏显示了观众数，粉丝数，商品点击数和卖货 ROL（投入产出比）。用户如果勾选观众数，那么粉丝能快速进入直播间，只有粉丝进入直播间停留 3 秒钟后才扣费；如果期望提升粉丝数，系统会推送有相似关注习惯的用户进入直播间，且在关注成功后才计费。商品点击数需要粉丝基数大于等于 10 万；卖货 ROL 目前尚在内测，还没有公布，ROL 的意思是投入产出比。

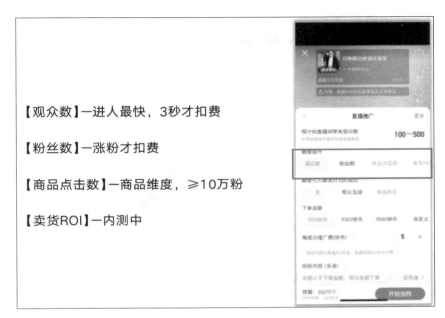

图 6.15 设置直播推广方法

在图 6.16 中可见到"期望提升"的下面是"投放内容"。农产品主播可以勾选直播间、作品、直播间加作品。在图 6.17 中，根据自己的需求选择投放直播间或是作品。

在图 6.17 中可见"投放内容"的下面是"自定义投放"。通过自定义投放可以帮助主播找到更加精准的粉丝。农产品商家可以根据自身的产品属性勾选自定义人群，可以从性别、年龄、地域方面选择。例如，如果是农产品销售，建议勾选女性，因为国内居家做饭的大部分是女性，年龄勾选 30～50，因家庭妇女一般都在这个年龄段；对于省份不做强制要求，农产品商家可以做借鉴。

在图 6.18 中可看到，"自定义人群"的下面是"投放时长"。农产品主播可以根据自身需求选择投放时间。可以选择时长不限。当选择不限时间后直播间会以最快的速度进人。根据直播时间做投放，直播时间为 2 小时，则投放 1 小时；直播 6 小时，投放时间为 3 小时，目的是给系统多一点时间筛选优质用户。农产品商家可以做借鉴，但还是要根据主播的实际情况选择投放时间。

图 6.16　投放直播内容选择

图 6.17　投放人群选择

图 6.18　投放时间

（3）投放的注意事项及建议

在投放时要注意几点，一是在高峰期适当提高竞价，因为这个时候用户活跃，主播也活跃，适当提高竞价可以让粉丝更快地进入直播间。二是分析推广效果，如果效果不佳，找到原因后再做优化。三是在直播时，通过推广进来的人如果一直留在了直播间，可以适当追投。四是多测试，实时关注数据，实战经验才会越来越丰富（图 6.19）。

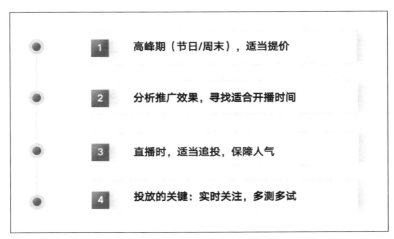

图 6.19　投放要点

6.4　创意直播 （主播成长路径）

在布局农产品直播电商时，商家或主播应对农产品主播的成长路径有清晰的认知。不同阶段对农产品主播的能力要求是不一样的，需要做的事情也有较大差异。一般来说主播成长分 3 个周期，分别是冷启动期、涨粉期、变现期。

6.4.1　冷启动期

冷启动期是平台对账号包含的内容及经营方法、策略的适应过程。冷启动期的农产品直播间在线人数为 200 人以内，这段时间也是最难熬的。很多农产品商家面临的问题就是直播时在线人数不到 10 人，这类农产品商家往往不会直播，缺少承接流量的能力。其实直播卖货并不比实体店卖货容易，实体店卖货是一对一，直播卖货是一对多，所以针对冷启动期的农产品主播，尤其是刚刚转型过来的农产品主播，要做好以下几件事情，有助于快速度过冷启动期。这也是冷启动期的运营方向。

冷启动时期的农产品主播，都是新账号，既无经验又无粉丝，所以在冷启动期要做到 3 点。一是坚持开播，不管人多人少，坚持每天直播 3 小时以上；二是主播找准自己的定位，不断强化自己的人设；三是多学习，不断向优秀的人学习，根据自己售卖的农产品，找到对标的优质直播间，观看这些主播是如何介绍农产品，如何调动直播间氛围，将有用的话术提炼出来并做记录，变成自己的财富。坚持做半个月后，主播就会有明显的提升，在坚持开播的情况下直播间也会有第一批粉丝，流量来了也知道如何去承接，这个时候就可以适当投放推广，并且拉长直播时长，每天直播 3～6 小时。

冷启动期的农产品主播需要掌握 4 个能力：

第一，对农产品直播团队有基本概念。一场直播并不是主播一个人的战斗。农产品直播团队的介绍在《直播策划》有讲解。

第二，熟悉货品。知晓农产品品种，不同的商品介绍，卖点分别是什么。比如作为一名水果主播，需要掌握售卖的水果的品牌，不仅要会介绍产品，也要理解产品背后的品牌信息；这款水果针对的目标人群是怎样的，可以从使用场景去思考，什么场合需要用到这款水果。

第三，熟悉平台规则，避免违规。前期的违规对账号伤害很大。任何平台都有规则介绍，上播之前先了解规则。广告法是所有平台、所有主播都必须遵守的。

以下几条与我国的《广告法》相悖。

一是文案用词涉及政治宗教，国家元首等。

二是极限类的广告词语，如全网销量第一等。

三是迷信用语、打色情擦边球用语等。

四是未获得专利权，虚假宣传专利技术。

五是为诱导客户下单,从而涉嫌欺诈消费者的表述。

第四,要有自我调节能力及吃苦能力。上播之前调整好自己的心态,不被数据、粉丝所影响,尽心尽力对待每一场直播。因直播工作很辛苦,要对吃苦有心理预期。

6.4.2 成长期

成长期直播间人数在 200～1 000 阶段的农产品主播对于直播中各种类型的问题已得心应手,已具备带新主播的能力,这个阶段的主播需要进阶掌握的两个能力。

一是数据运营能力。对直播数据及作品数据特别敏感,知道数据背后的逻辑以及如何做数据化运营。

二是粉丝运营能力。维护好粉丝等于给自己铸造护城河,铁粉多了后卖货就会更容易,直播也变得更加有趣。要维护好自己的粉丝,农产品主播可根据自身情况自由发挥,其核心目的是得到粉丝的信任。粉丝群作为粉丝运营的重要渠道,需要主播经常关注群信息,对粉丝在群里提出的问题做解答,节日时在群里发红包或送点礼物;可以在直播时多做一些"宠粉"动作,比如利用直播转化工具——福利购功能,上架只有粉丝团才能购买的高性价比农产品;对粉丝购买农产品后遇到售后问题不逃避,及时处理并给予补偿。

关于农产品运营方向的建议:合理规划高效的直播节奏,固定时间、固定频率开播,每天开播 8 小时以上;当主播到了成长期后,播得越久,卖的产品就会越多。坚持下去,直播间的权重也会越来越高,这是通往变现期的必经之路。如果主播天天直播很劳累,这时可以考虑带新主播,新主播从助播开始做起,直播一个月后,被粉丝认识了,这时可以考虑主播和助播分时间段播,每人 4 小时轮播。

6.4.3 变现期

变现期的农产品主播需要直播在线人数为 1 000～10 000 人。该阶段的主播基本都有自己的运营团队,甚至是公司。这期间每天有很多货物要发送,售后需要处理,还要天天开播,所以需要配置好直播团队。这个阶段的主播需要掌握的核心能力有两个。

一是商品运营。根据自己的粉丝画像,链接最贴合粉丝画像的农产品厂家,利用自己的带货能力及直播数据,争取到最实惠的价格。同时丰富自己的品类结构,尝试做全品类达人。

二是矩阵运营。批量培养新主播,新手具备成熟的卖货主播能力后,再起新号。通过运营方案,灌输商业化流量,也可以让主播用大号给新手账号灌流量。这个阶段的农产品主播尽量自己培养新手，而不是签约，因为签约主播需要更加成熟的配套设施，不如自己培养更稳妥。待新手的账号发展起来后，形成矩阵运营。

变现期农产品主播的运营方向是朝头部主播靠拢，想办法提升直播间的在线人数以及自己账号的粉丝量。根据自身情况，让直播变得多元，不仅做农产品卖货直播，还可以跟相同量级，但产品属性不一样的主播打打 pk 对决，相互点点关注。比如我销售水果，有 1 000 万粉丝，就可以与销售杂粮、粉丝体量在千万的主播打打 pk，相互关注，达到快速涨粉的目的。另外，如果是在短视频平台，拍段子也很重要，可以让运营团队策划短视频拍摄方案，农产品主播真人出境并实地拍摄，达到涨粉及强化农产品主播人设的目的。

6.5 直播间品类规划

从底层原理来说，品类规划就是根据粉丝画像、主播现状和商品特性，将已经选好的直播商品按照不同种类，在直播时排列布局，从而达到最佳带货效果。从粉丝的视角来看，品类规划就是在主播直播间的商品上、下架顺序。

为什么要做农产品品类规划呢？这要从两个方面去考虑。一是为了实现单场直播的销量最大化，通过对直播商品的数量、推广顺序进行规划，引导老客户下单，使单场销量最大化；二是为了实现粉丝价值长期化，通过每场直播的品类规划，给直播观众营造一种"在这个直播间，我能买到高性价比商品"的感觉，实现单场带货盈利和长期留住客户并复购的目的。

农产品主播和商家在做农产品品类规划的时候，常出现一些问题（图 6.20）。

图 6.20　农产品直播误区

第一，单场直播的农产品过多。农产品过多无形中增加了直播间观众的选择成本，成本越高，采取下单动作的可能性就越小。例如，客户在逛淘宝的时候，如果想买某个商品，就会搜索，然后多家对比。在对比的过程中，会发现有很多的店铺可供自己选择。当对比超过 5 家店铺之后，就会有产生一个念头"哎呀，好麻烦，要么不买了吧，这个东西好像也不是特别需要"，这就是作为消费者的选择成本太高——因为店铺太多。同样，如果直播间的农产品品类太多，直播观众的选择成本就会很高从而打消购买欲望。

第二，只挂高利润款农产品。高利润款农产品确实能够带来盈利，提高粉丝 ARPU（每用户平均收入）值。但如果直播间只有高利润款农产品，对粉丝的长效期来说是不利的，会过度透支粉丝的价值。

第三，同品类、属性的农产品过多。这也是从选择成本来考虑，这种行为带来的负面影响比单场直播的农产品过多还要大，同时粉丝的期待也会落空，感觉直播间农产品过于单一、没意思。

因此，在直播农产品的数量规划方面，尤其是刚建立的直播团队，不管是主播还是新手主播，单场直播的带货农产品数量不超过 10 个，品类不超过 2 个。在选品的时候，尽量选择日常使用频率高的产品，能提高产品复购率。因为在直播初期的目标其实并不是为了带货，是自建团队，前期直播更多的是为了打磨主播直播技巧，建立主播带货的心态和信心。随着直播场数的增加，产品数量和品类可以慢慢增加。需要注意的是，哪怕是到了成熟期，直播间的商品也不要超过 50 个，一般 30～50 个较好，因为直播不仅要考虑主播的体力状态，更要考虑粉丝的接受程度。根据经验，粉丝能承受的最长直播时间是 2 小时，若超过这个时长，会影响主播后续的状态。

做农产品品类规划的时候，不同的主播成长周期，品类的权重安排也不同。

在主播初期，产品品类要更倾向于引流款商品。通过福利商品，获取粉丝信任，吸引新粉丝关注。因为在这个时候，粉丝体量还不高，粉丝的消费习惯也还没有养成，他们并不愿意、也不放心在此直播间购买高客单价的商品。所以这时候，直播带货的目的是培养粉丝消费习惯，建立主播带货的信心。

在主播中期，可以适当地降低引流款的商品比重，增加畅销款商品的比重，通过福利商品搭配畅销商品的套盒销售方式，去慢慢提高直播间的客单价，向粉丝传递产品是优质的，哪怕价格不是非常低，但也是很值得购买这样的感觉。

在主播成熟期，就要加入高利润款产品了。增加高品质商品的数量，提升直播间消费层级，拓宽直播间农产品品类，避免粉丝产生审美疲劳；进一步提高直播间的利润（图 6.21）。

规划好农产品品类后，就需要做直播间的商品陈列。

直播间购物车的商品是倒序排列，早发的商品排在底下，晚发的商品排在上面。观众有翻看习惯，一般是购物袋最上面的容易翻看到，最底下的难以翻

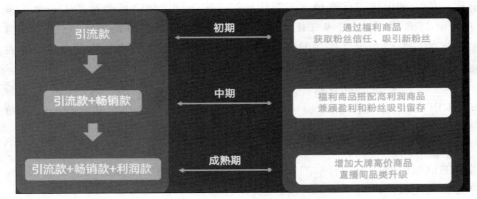

图 6.21　农产品搭配方案

到。可以利用观众的这个习惯，去规划直播间农产品的陈列顺序，购物车的排序是主推爆款、常规爆款、畅销款、新品、清仓款。

首先要带动本场直播想要打造的主推爆款和往期销量靠前的常规爆款商品的销量，需要最大程度上利用好直播流量；接下来上架常销款农产品，并尝试性地推荐新品，测试市场接受程度；最后以福利的方式处理清仓款。

爆款类商品选择店内销量靠前的 3～5 款农产品；常销款类商品选择平时销量稳定、转化率较高的农产品；新品选择已经通过小范围测试的新款；清仓款可以选择一些大众类消费的农产品。

6.6　直播平台解析

目前把直播与电商结合最紧密的平台有 3 个：快手、抖音和淘宝。以快手直播平台进行解析。

在直播＋电商的平台，快手直播的电商氛围是远远超过了其他平台。

快手是最早一批做短视频＋直播的平台，其前身是一个 gif 制作工具，当看到了短视频和直播的潜力后，转型做起了短视频。目前快手整体日活跃用户数达到了 3 亿元以上。这得益于快手平台对普通人的定位，其使用了普惠算法以及大量针对中、小商家（主播）的扶持政策。

快手的 slogan（口号）是"快手，拥抱每一种生活"。不难发现，快手的对标用户更多的是普通人。快手之所以能盛行老铁经济，能在短视频的浪潮中保持高用户黏度，是因为快手把注意力放在了被主流媒体忽视的人群——普通人。而普通人永远是用户体量最大的人群，单个用户的价值可能比不上中、高端人士，但是当达到一定的数量时，其商业规模将远超中、高端人群的总额。

快手直播的内容与其他的平台不同，快手是卖货直播与秀场直播平行，两者都有。在秀场直播中，唱歌等才艺类、吃播美食类的主播人气最高，野外类直播的礼物最多；在卖货直播中，以种草、拔草类带货直播的评论最为活跃，出货效果最好。快手还在致力于开拓其他的直播渠道和方式，朝着直播多元化发展。

6.7　直播数据分析方法

要投入到农产品直播卖货中就要将直播卖货看成一种工作，要认真对待。在工作中，要有复盘意识。通过复盘找到自己工作中的失误，及时优化调整；需要继续保持及放大的点，找到后做记录，之后将这些点往更好的方向推进。直播卖货与一般的工作不同，复盘一场直播，会有更多的数据帮助自己找出问题，因为数据可以更直观地呈现出本场直播的优、劣处。做好数据分析、数据运营都非常重要。

6.7.1　直播后数据在哪里查看

直播结束后可以在手机端和电脑端查看直播数据，手机端查看直播数据可以在直播结束后截图（图 6.22）。

图 6.22　手机端直播数据

图 6.23 中，数据截图透出了 6 个关键数据，分别是收到黄钻、观看人数、新增粉丝、得到点赞等。

电脑端查看直播数据的路径如下，见图 6.23。

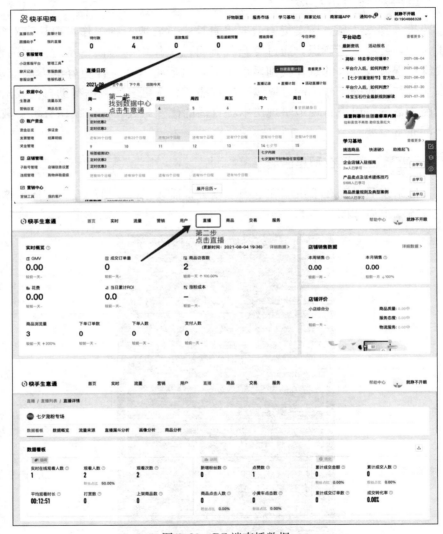

图 6.23　PC 端直播数据

6.7.2　如何做数据化运营

关于农产品直播间的数据，直播后的截图有 6 个重要数据，分别是收到黄钻、观看人数、新增粉丝、送礼人数、发出红包、得到点赞。这些数据背后的本质有以下几条。

（1）收到黄钻

在快手，黄钻是用户打赏的礼物，与之前的直播数据相比，黄钻收到的越多，客观上说明本场直播的内容策划越好，粉丝黏性越高。

（2）观看人数

观看人数代表直播间的总流量。比如直播 2 个小时，一共有 100 人进入直播间，那么观看人数就是 100 人。需要注意的是，观看人数不代表直播间的实时在线人数，相比之前的直播数据，如果直播的观看人数减少，需要思考两点：一是本场直播中"我"与直播间的粉丝的互动是不是少了；二是有没有做直播预热，如果是互动次数变少了，下场直播需要增加互动的次数；如果没有做直播预热，那么下场直播前必需安排上。

（3）新增粉丝

新增粉丝是指本场直播中有多少人在直播间关注了你，如果有一个人关注了你，那么新增粉丝就是 1；有 100 个人关注了你，新增粉丝就是 100。新增粉丝数涉及的维度较多，两场直播在所有条件都一样的情况下，如果其中一场直播的新增粉丝数减少了，主观原因是没有主动和粉丝互动；而有些粉丝可能就是因为你的一句话才关注你。

（4）发出红包

发出红包是指在本场直播中发了多少红包给粉丝，成熟的主播往往会提前规划好每一场直播的费用，严格控制花销。在复盘时如果发现发出的红包数额超标，那么下一场直播时就要控制好预算，按提前设置好的时间段发放红包。

（5）得到点赞

点赞数是一场直播下来有多少人给你点了"小爱心"。跟观看人数不同的是，一个人可以多次点赞，所以一场直播下来直播间是 100 人，而点赞数可能超过 100。点赞数也很重要。如果相对于之前的直播数据点赞变少了，可以考虑去学一些趣味型的话术，比如"万水千山总是情，留个爱心行不行？"等等。

6.7.3　营销数据分析

农产品电商直播跟秀场直播、游戏直播有很大的差异，农产品电商直播的主要目的是把货卖出去，所以直播间的营销数据分析很重要。

（1）商品访问数

商品访问数代表着有多少粉丝点击你的商品，若 100 个用户点击商品，那么商品访问数就是 100。商品访问数越高，说明用户对商品的喜爱程度很高和主播讲解商品的能力很强。如何判断粉丝是否喜欢这件商品，需要分析用户画像。用户画像包含：用户性别、年龄段、购买力等等。

根据用户画像选择直播时带货的商品。

提高主播介绍农产品商品的能力，使用户听了讲解感觉商品值得购买，这需要主播花大量的时间做实战积累，一步一个脚印。要求主播爱学习，平时多看优秀的农产品主播卖货，把可以借鉴的销售农产品的话术提炼出来做记录并变成自己的话术。还要学习优秀农产品主播的营销策略，多懂些农产品各类知识。

（2）平均观看时长

平均观看时长是指直播间的用户在直播间的平均观看时长。平均观看时长的计算公式为：每个用户的停留时长相加除以用户数。假设一场直播的进人数为 100 人，其中的 50 人看 4 分钟后滑走，另外的 50 人观看 1 分钟后滑走，平均停留时长就是（50×4＋50×1）分钟/（50＋50）人＝2.5 分钟。相对来说，直播间的平均观看时长能达到 40 秒以上即为不错的数据了。用户停留的时间越久，下单的概率会越大，相对于之前的观看时长数据，如果平均观看时长减少了就要去优化直播内容，让直播变得有趣，或者选择更加吸引人的农产品，使用户愿意购买更多性价比高的农产品而留在直播间，拉高平均观看时长。

6.8 直播中常见问题及解决方法

直播农产品的时候经常会遇到一些问题，这些问题列入图 6.24。

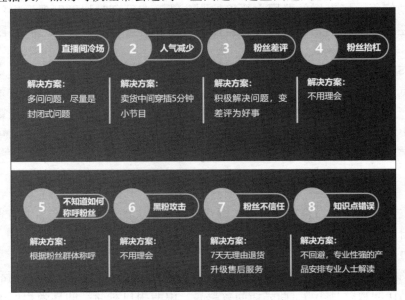

图 6.24 直播中常见问题及解决方法

6.8.1　直播间冷场

直播间冷场是农产品大主播和小主播都会遇到的问题。直播间冷场时主播不要去强行开玩笑，因为很难保证这个笑点恰好是别人的笑点。同一个笑话，你觉得好笑，别人可能觉得没啥意思。万一说了个笑话，还是冷场，那就非常尴尬。相比于讲笑话，不如去提问题，最好是封闭式的问题，例如，觉得这款农产品好看的请扣 1。

6.8.2　人气减少

农产品直播卖货时，可能会出现人气减少的情况，这也是正常的现象。这就需要把卖货这个行为变得更有意思，比如顶流主播散打哥、李佳琪在带货的时候就会穿插各种小节目，或者讲讲农产品的历史、故事、作用等，时间可控性非常强。

6.8.3　粉丝差评

做农产品直播时还会碰到一些问题：对商品质量有疑问的顾客直接来直播间进行提问，甚至恶意带节奏。这时候可能有的主播会说：有问题直接联系客服，别来直播间问或者选择直接无视顾客的提问。如果这种问题比较少或者直播间的粉丝比较多，评论也比较多，这种处理方法确实很不错。但是当我们直播间的粉丝比较少，评论比较少或者大量出现这种问题的时候，投诉往往会一直在直播屏幕上显示。这时候就不能不处理或者视而不见了，一定要积极解决问题，即便这场直播不带货了，也要把这个问题解决。这类问题处理不好，粉丝会出现巨量下滑，后期想带货就会非常困难，人们都不敢买无售后的农产品。出现了这种售后问题，说明农产品选品和客服的团队出现了很大的失误，此时不要怕直播间变成"售后窗口"，而应该及时去了解问题的真相，帮助顾客解决问题，打造绿色通道（农产品主播一定要高于客服的权限），提升顾客购买农产品的体验感。

6.8.4　粉丝抬杠

农产品直播带货有自己的优势，因为它可以忽略地域、时间限制，可以跨时空的把优质农产品卖给任何人。但是任何人也都能无限制地进入直播间，有时可能会出现一些无聊的人，喜欢抬杠。这时候去解释、回复，他们越会起劲，将自己展现在观众面前，其目的达到了。对于主播，最好的方式就是不理不睬，他们觉得在你这里也找不到存在感，自己就走了。不用担心这种情况会在粉丝心中产生不好的印象，粉丝虽然对农产品领域的专业知识不足，但对来

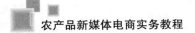

直播间抬杠的人有什么用意能够分辨出来。

6.8.5　不知道如何称呼粉丝

很多农产品新人主播不会做开场，不会打招呼，也不知道怎么称呼粉丝。可以自然一点，根据粉丝的特征去称呼。例如，年龄比自己大的女粉丝，不管多少岁，统一叫姐姐；对于男性就比较随便了，一般男性不太在乎称呼，称呼他"大哥""兄弟"都行。如果实在把握不准，不论男女老少，统一叫"老铁"。

6.8.6　黑粉攻击

如果遇到黑粉攻击，一般不用理会，因为黑粉的一些言语都会比较激进，直播间的粉丝的心中都有一个判断。如果主播对自己的辩论能力非常自信，也可以花 1 分钟，针对黑粉的逻辑去做反驳，简单说明一下即可，不必与其理论。

6.8.7　粉丝不信任

线上购物，尤其是农产品，总是会存在粉丝不信任的情况，出现这种情况有很多解决的方法。比如，承诺 7 天无理由退货、升级售后服务、相关资质的证明展示、产品质量的保险背书等等。不要陷入误区，想让直播间的所有人都相信你，这是不可能的，有人对某些农产品的知识点存在不信任的情况很正常。主播自己要学习，也是要多了解知识，然后去指导实践，摸索出最适合自己实际情况的方法论。所以，不用强求让每个人都相信你，做好自己的事，剩下的事会有对的人来告诉你结果。

6.8.8　知识点错误

知识点错误会发生在知识付费类农产品账号和农产品专业主播的直播间里。这种专业性的直播，常会发生"被顾客问倒了"或者"知识点错误""口误"的情况。这时候一定不要回避顾客的问题，可以大大方方地承认自己对这方面了解不深，下播后回去查阅相关资料，再做交流探讨，或者安排相关领域的专业人员来给顾客做解答。有的直播间经常会出现一些农产品品牌方的工作人员，目的就是为客户解答问题。所以遇到这些问题时，不用慌张，不要回避，不懂时就大大方方地承认。

6.9　直播注意事项

农产品直播时还有一些需要注意的。

　　一是不要只跟某一个人互动，而忽视了其他人。很多时候会发生新人主播怕冷场的情况，这时候若出现了一个人与其互动，他就抓着直播客户不放，只跟客户一人聊而把别人都忘了。这种情况在直播间人少的时候还能适用，而在直播间人数超过 50 人时就容易忽视了其他人。

　　有粉丝喜欢在直播间人数多时为主播送礼物，以增加自己的知名度，提高自己的存在感。但是不仅仅是这个人有这个想法，其他的粉丝也会有想法。不可忽视其他人，任何时候都不要忽略陌生、普通客户的感受。

　　二是不要谈论有争议的话题，尤其是比较敏感的话题。主播在直播间最好什么都不要谈，如果不吐不快非要说一下，可以准确描述事实，保持中立，不要带个人色彩。因为直播间就是一个小媒体，说出的每一句话，互联网都有记忆，都会留下证据。可以有自己的看法，但不能过度偏见，以免造成歧视和人身攻击。

第7章 微信公众号及
小程序营销

7.1 微信公众平台基础操作

微信公众平台（WeChat Public Platform）是腾讯公司于 2012 年推出的一款给个人、企业和组织提供业务服务与用户管理能力的全新服务平台。已经形成了一种主流的线上线下微信互动营销方式，有服务号、订阅号、小程序 3 个类型。可从账号申请、账号区别、平台使用 3 个方面来了解微信公众平台的基础操作。

7.1.1 账号申请

第一步：打开电脑的浏览器。
第二步：在地址栏输入 www.baidu.com，并按下回车键。
第三步：百度搜索微信公众平台，并点击进入（图 7.1）。

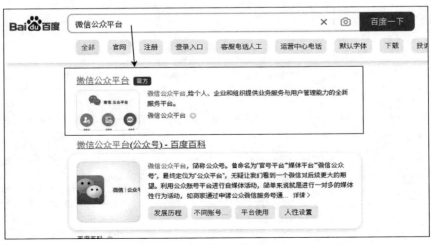

图 7.1 微信公众号注册地址

第四步：点击立即注册（图 7.2）。

图 7.2　微信公众号注册界面

第五步：选择注册服务号（图 7.3）。

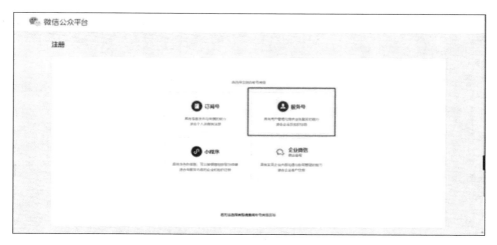

图 7.3　选择不同账号界面

第六步：输入基本信息（图 7.4）。

图 7.4　选择基本信息界面

　　输入自己常用的邮箱，点击并激活邮箱（该邮箱为登录公众号的账号），打开邮箱的收件箱，查收一条验证码，在邮箱的验证码栏输入 6 位数的验证码和自己设定的密码勾选同意并点击注册。

　　第七步：确认所在地（图 7.5）。

图 7.5　确认所在地界面

　　第八步：再次确认（图 7.6）。

图 7.6 再次确认界面

第九步：输入详细信息（图 7.7）。

图 7.7 输入信息界面

第十步：输入公众号信息

填写账号名称、功能介绍，选择运营地区，点击完成（图 7.8）。

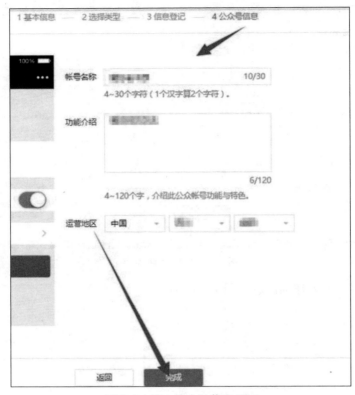

图 7.8　输入公众号信息界面

第十一步：点击并前往微信公众平台（图 7.9）。

图 7.9　点击前往微信公众号界面

第十二步：注册完成（图 7.10）。

图 7.10　注册完成界面

7.1.2　账号区别

（1）服务号功能

公众平台的服务号，是公众平台的一种账号类型，旨在为用户提供服务。一个月（自然月）内仅可以发送 4 条群发消息。

发给订阅用户（粉丝）的消息，会显示在对方的聊天列表中，相对应的微信首页。

服务号会出现在订阅用户（粉丝）的通讯录中，通讯录中有一个公众号的文件夹，点开文件夹可以查看所有的服务号。

服务号可申请自定义菜单。

（2）订阅号功能

公众平台的订阅号，是公众平台的一种账号类型，旨在为用户提供信息。

每天（24 小时内）可以发送一条群发消息。

发给订阅用户（粉丝）的消息，将会显示在对方的"订阅号"文件夹中，点击 2 次才可以打开。

在订阅用户（粉丝）的通讯录中，订阅号被放入订阅号文件夹中。

只能个人申请订阅号。

（3）企业号功能

公众平台的企业号，是公众平台的一种账号类型，旨在帮助企业、政府机关、学校、医院等事业单位和非政府组织建立与员工、上下游合作伙伴及内部IT（信息技术）系统间的连接，并能有效地简化管理流程，提高信息的沟通和协同效率，提升对一线员工的服务及管理能力。

7.1.3 平台使用

(1) 消息推送

普通的公众账号，可以群发文字、图片、语音、视频等内容。而企业认证的账号有更高的权限并能推送漂亮的单条的图文信息。

(2) 分类订阅

在消息推送方面，用户订阅的增加可能也会增加推送的困扰。但下一版本的推送将全部取消声音提醒，以便把私人信息和内容、消息做区分。最重要的还是内容和品牌的选择，人们喜欢少量而精致的资讯，而且可以随时离开。

(3) 门店小程序

在公众平台里可以快速地创建门店小程序。运营者只需要简单填写自己的企业或者门店的名称、简介、营业时间、联系方式、地理位置和图片等信息，不需要复杂地开发，就可以快速地生成一个类似店铺名片的小程序，并支持在公众号的自定义菜单、图文消息和模板消息等场景中使用。

7.2 微信公众号运营规划

农产品的新媒体运营是指借助新兴媒体来推广农产品品牌、营销产品的运营方式。新媒体运营的常用方式就是围绕农产品品牌策划具有传播性的内容与线上活动，有针对性地向客户推送消息，提升客户的参与度与品牌的知名度。

7.2.1 微信公众号特点

(1) 聚集粉丝

聚集粉丝是新媒体的一个重要特点。粉丝是一个特殊的用户群体，他们关注新媒体不仅是获取相关内容，还有可能成为潜在的或忠实的消费者。从本质上讲，粉丝经营就是用户管理，无论是在虚拟的网络还是在实体经济中，区别都不大。

(2) 分享传播

分享传播是新媒体非常鲜明的特点。在传统的媒体环境中，人与人之间的信息传播只能通过口头或书信完成；在新媒体环境中，人与人之间的信息传播方式变得多元化，通过论坛、微博、朋友圈分享信息就能产生传统媒体环境中的口碑传播效果。

7.2.2 微信公众号运营流程

拉新：明确用户位置，以较低的成本获取新用户。

留存：留住用户，让用户持续使用自己的产品。

促活：唤醒已不使用本产品的用户，让其重新使用该产品。

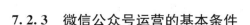

7.2.3　微信公众号运营的基本条件

新媒体运营的三个基本条件：一是粉丝多；二是知识面广；三是能与用户充分互动。微信公众号的运营不例外，也要从这几点入手。

（1）粉丝多

如果是微信运营，就要先看微信的好友数量。如果微信好友有几千人，与只有几百个微信好友的账号相比，比较容易成功。微博也是如此，如果账号加V（微博认证），运营起来就比较容易。

（2）知识面广

运营人员对网站的发展趋势与脉络了解越深入，越能成功实现运营。

（3）能与用户充分互动

运营人员要站在用户的立场上充分考虑问题，切实提升用户的体验感。

7.2.4　运营规划思路

（1）给账号添加个性化标签

在新媒体时代，"标签化"是人的个性化表达，蕴含着独特而鲜明的价值主张，能聚集价值观相近的人，从而产生更多的社交连接。

（2）跟热点

运营人员要机智、巧妙地抓热点，对那些与政治有关和负面新闻有关的热点要尽量避免，最好不跟从，以免使品牌形象受到不良影响。

（3）跨界合作

与相关行业交换资源。

（4）坚持做正确的事

在新媒体的运营领域，要做到坚持原创，坚持与粉丝互动。如果运营人员无法确定坚持的事是否正确，可以学习、借鉴同行业竞争对手的做法，将试错成本降到最低。

（5）熟悉自己的产品与平台

对农产品的新媒体运营人员来说，熟悉自己的产品与平台是最基本的工作。如果运营人员不熟悉自己的产品，就无法向他人加以介绍。如果运营人员不熟悉微信、微博的功能，就无法引导粉丝的关注。因此，新媒体的运营人员要想做好运营，首先必须熟悉自己的产品与平台。

7.2.5　微信运营的策划流程

（1）活动前期

活动前要做充足的准备工作。学习他人的经验，可以实现自身能力的提升，并将其应用到实践过程中。新媒体从业者要注重日常的积累，对当前的任务完成情况及活动的开展方式进行分析，找出各个方案的优、缺点。在总结时，除了浏览活动方案的执行总结外，还应该根据活动流程，对其运营过程中存在的关键节点及布景方式进行推导，清楚活动实施模式的选择理由，对活动机制进行深入地探讨。

另外，新手应该积极参与到运营活动中，提高自身的实践能力，也可以与优秀的活动策划者进行交流，学习经验。新媒体从业者要突破思维的局限，掌握不同运营工具的使用方法。

运营新媒体活动要设定具体、详尽的活动目的，方便日后的评估。一个活动只能对应唯一的目的，否则容易降低活动质量。以内容运营为例，与"提高用户活跃度"相比，"使文章阅读量增加三成"更加具体、详尽。

设定活动的目的后，运营者应该瞄准活动的目标用户。一般来说，无论是什么活动，都无法获得全体用户的认可。例如，作为许多家庭每年除夕夜的必看节目，春节联欢晚会在 00 后的用户群体中并没有太大的影响力。因此，农产品运营方需要瞄准特定的用户群体，并选择适当的运营策略。

(2) 策划阶段

策划要紧跟活动目的，致力于达到目的。比如某运营方希望通过举办活动让用户发表促进农产品企业发展的建议，为吸引更多的用户参与，组织了抽奖活动。活动中，虽然用户表现活跃，但大多数是为了参加抽奖并赢得奖品而来，并未与企业展开高效互动，也就未达到活动的目的。

首先，策划应符合受众兴趣，通过聚焦用户提高其参与度。例如，营养健康农产品摄影评选能够吸引宝妈的注意力，农产品知识竞赛则以经营者用户为主。适当设置参与要求，如果要求较高，参与的用户人数通常较少；而要求较低，对专业人士的吸引力则较低。

二是注重活动的趣味性。在活动的过程中添加趣味性元素，从而调动用户参与的积极性。对用户而言，活动本身的吸引力在于奖品设置和体验活动本身的趣味性。

三是引发用户的情感共鸣。活动的主题需要激发用户的情感共鸣，使活动在奖品之外具有更大的吸引力，调动更多用户参与的积极性。比如，某运营方在母亲节推出"晒与母亲合照"的活动，用户参与规模超过 10 000 人。这其中编辑人员还可围绕该活动撰写文章，进一步感染受众。

四是借助社交媒体推广。扩大活动参与范围，不妨在朋友圈中进行信息推广，但要减少推广的盲目性。先要对活动的相关信息是否适合在朋友圈中发布，进行判定；还要注重文案的设计，并选择合适的图片；另外，要促使用户自发参与到活动的传播中。

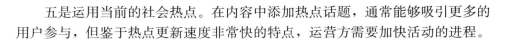

五是运用当前的社会热点。在内容中添加热点话题，通常能够吸引更多的用户参与，但鉴于热点更新速度非常快的特点，运营方需要加快活动的进程。

7.3 搭建属于自己的微信公众号

有了微信公众号的基本操作以及运营的规划思路，还需搭建属于自己的微信公众号。

7.3.1 为什么选择微信公众号

进入移动互联网时代，农产品企业的未来一定也会出现在移动互联网，这也是传统的互联网巨头们为什么要不惜一切代价抢占移动互联网入口的原因。移动设备上的应用有很多，但是用户的时间却有限，用户的大部分时间和注意力都被几个入口级的应用给占用了。巨头以外的企业，尤其是非互联网企业，在移动互联网时代似乎更加薄弱。没有入口级的应用，这些农产品企业就真的没有机会进入移动互联网了吗？其实不然，微信为这些企业提供了能在移动互联网时代为其顾客提供更好服务的大平台，是一个拥有众多用户的超级平台。

7.3.2 给公众号取一个好听的名字

一个好的微信公众账号名称就是农产品企业最好的形象代言人，因为用户打开微信，首先就能看到企业公众账号的名字、头像。一个好的名字要符合 3 个特点。

（1）能快速传播

互联网的最大特点就是传播。在传统企业花 10 年达到的传播效果，利用互联网也许只要一小时就可以做到。每天都会有很多人通过互联网快速成名，所以只要你的产品名字好记，就能快速传播。

如果一个名字在人们很小的时候就已经深深地印在脑海里，当这个名字变成了一个品牌产品的名字后，自然会想到这个产品的品牌。

要挖掘产品名字的背后价值，就要先清楚自己的目标顾客，再分析目标顾客对产品的深层诉求。例如，人们购买优质的农产品，是因为想让自己可以更健康、生活品质更高，所以有些农产品的品牌就是目标顾客的深层诉求。例如，购买牛奶时，人们首先想到的是伊利、蒙牛等知名品牌，就是这个道理。

（2）目标关键词原则

微信有个搜索功能，可以让潜在的顾客通过关键词找到自己感兴趣的微信公众账号。企业要想让自己的公众账号被顾客找到，就要在微信公众账号取名时带上自己产品的目标关键词。

比如生产牛奶的微信公众账号，一定要带上"牛奶"这个目标关键词，这

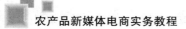

样，想了解牛奶知识的顾客就可以通过搜索找到该企业的微信公众账号。

（3）加上本地名称

如果企业只做本地顾客，则需要加上本地的地名，如北京烤鸭、吉林人参，这样有助于获取精准的目标顾客。

7.3.3 了解微信公众号的运营要点

在搭建好微信公众平台之后，运营人员就要开始引流，准备填充内容，对活动进行策划。虽然微信公众号的内容推送步骤都一致，但也存在着一些技巧和规律。

（1）推送时间的选择

公众号的内容推送时间有工作日和双休日之分。工作日选择晚上9点推送，因为这时用户多已下班到家，手机已经连上Wi-Fi，用户能获得流畅的图文阅读体验。即便用户当天没有及时阅读推送的信息，在次日也能实现阅读。

双休日一般选择在早晨7～8点推送公众号内容。因为现代人的工作压力大，很多人双休日习惯晚起床，在赖床时又有浏览微博、微信的习惯。如果按照推送时间排序，早上推送的内容会排在众多订阅号的前面，用户打开后阅读的概率会比较高，而且订阅号在折叠后，推送内容时不会发出任何声响，不会对用户造成干扰。

（2）日常内容规划

微信公众号推送的内容要与公众号自身的性质相符。例如：鹿产品类公众号可推送一些养鹿知识、鹿的生活习惯、产品特性等内容，分享买家秀；美食类公众号可推送一些食谱及产品促销的信息等。总之，微信公众号要根据自身情况对推送的内容进行科学规划，万不可跨领域发展。

（3）群发推送形式

如果微信公众号选择群发推送，就要对群发推送形式的特点有深入的了解。

单图文：能更集中地传递信息，适合促销。

多图文：选择度广，一次推送能覆盖不同需求的用户。

语音：能增进与用户的关系。

图片：较少使用。

视频：要求手机拥有较多的流量。适合农产品的企业文化、企业精神的宣传等。

从传播形式来看，微信属于裂变式传播，拥有较高的精准度与到达率，因传播媒介是熟人，与一般的传播方式相比，这种方式传播的信息更容易获取用户的信任。微信转发分享质量优等内容的次数更多。

通过分析可得出以下结论：内容打开率的高低取决于粉丝的质量，内容点击率的高低取决于图片和标题，是否转发与分享取决于内容的质量。

因此，想保证内容能成功地被分享与传播，就要保证内容的优质、标题和图片具有吸引力且拥有精准的流量。

7.3.4　策划微信活动

长期推送同类内容会导致用户审美疲劳，使用户的活跃度大幅下降。为了保证用户的活跃度，平台要经常举办一些新奇、有趣的活动，积极与用户互动。所以，除了日常推送的内容，平台还要经常策划一些微信活动。

（1）活动频率

一般来说，平台可以以周、半月、整月为周期来举办活动，以加深用户记忆，提升活动效果。如果平台每周举办一次活动，就要在周一上线活动，周五公布活动结果；如果平台每月举办一次活动，就要在月初上线活动，月末公布活动结果。在公布获奖名单时可预告下次活动的内容，安抚未获奖的用户，鼓励用户下次积极参与活动。一般来说，用户在参与 2～3 次活动之后就逐渐养成阅读推送内容的习惯。

（2）活动形式

农产品企业策划的活动要与自身利益点相符，具体活动的开展可参考以下几种形式。

①微信答题：提出的问题要与企业品牌相关，让用户在网站中寻找答案，加深用户对企业的印象，进而增强对品牌的认知。

②微信签到：连续签到 X 天（5 天、7 天等）或与公众号聊天满 X 天就可获得礼品或优惠券。

③有奖猜谜活动：平台推出谜题，用户答对谜题就能获得神秘礼品或优惠券。

④转发介绍：让用户为公众号添加祝福语并将其转发到自己的朋友圈。由于微信属于裂变式传播，用户在自己的朋友圈转发公众号，能有效扩大公众号的传播范围，提升店铺的宣传效果。

7.4　新媒体内容＋人格＋商品的有效连接

微信公众号的语言表达，不少人认为欢快愉悦的风格，才能够吸引用户的关注。事实上，微信公众号也可以采用严谨的表达方式，只要方式恰到好处、符合自身的内容阐述即可。如果一味追求娱乐化的表达，可能会导致用户难以接受。

公众号的内容表达需要遵循相应的规则。在这种理念下，一些创业者在公众号运营初期制定了一系列的内容表达规则，要求运营方定期采用新风格，并相应地变化内容布局方式。

事实上，有经验的运营者都知道过多的规则反而束缚了平台的发挥。在长期的内容生产及创作的过程中，运营方会逐渐找到适合自己的内容表达方式，形成独特的风格特征，并获得用户的支持与青睐。好的内容表达要遵循以下几点：一是寻找自己擅长的内容表达方式；二是持续输出优质的内容，逐渐形成自己的差异化风格；三是灵活使用图片，安排好布局，进一步突出核心观点。

微信公众号应该选择适合自己的内容表达方式。例如：有的公众号以内容简短、富有趣味性而受到用户欢迎；有的公众号则以长文的表达形式著称。内容运营方需要根据自身的平台属性及才能优势，选择适合自己的运营模式，还要在长期的发展过程中不断积累人气，与用户进行思维层面的沟通、互动。

对内容运营方来说，把握热点确实非常重要，如果运营者能够切中热点，即便自身的内容表达存在不足，也能产生不错的效果。但实际上要做到这点并不容易，需要内容运营者经过长时间的实践探索与经验积累，还要抓住时机，聚焦用户关注度高的热点事件。在具体实施过程中需注重几点：一是运营方需要清楚，追热点只是自己运营内容的一种方式，而不是最终目的；二是热点内容的运营要把握时间优势或者从全新的角度解读热点；三是通过流程布局提高对用户的吸引力。

在内容运营过程中，会出现许多热点事件与热点话题。运营方需要在长期的实践过程中积累经验，提高自身对热点的把握能力；通过反复练习来学习微信内容的运营方法，提高整体运营效率。另外，运营方不能忽视团队建设与能力培训，要使团队成员的内容运营思维不断向平台发展的需求靠拢，以确保内容输出的质量。

在把握内容的基础上，要持续地进行输出，自然输出的内容过于杂乱不能保证粉丝群体的稳定性。公众号的最终目的还是实现变现，即利用微信公众号这个切入点，打造一个 IP 地址或者是延伸到直播。

在移动直播的影响下，网红 IP 的打造方式也逐渐多元化，网红群体的崛起是互联网时代的产物，在未来，其发展势头会更加强劲。

随着移动互联网的迅猛发展，受直播、网红迅速崛起的影响，直播平台的发展将加快，与中国文化、经济及社会现状相适应，形成中国特色，实现可持续发展。

直播平台的内容是最重要的。直播平台内容的提供者是主播个人。主播能在平台树立个人形象，与粉丝实时交流，实现个人 IP 化。因 IP 化的规模巨大，这是其与传统平台最大的不同。实现个人 IP 化的主播还能借助直播平台的相关机制变现，这种变现方式也是传统平台所不具备的。

个人 IP 化的效应巨大：一方面，使主播的个人影响力大幅增长，能获得很多人的认同，收获大规模的粉丝群体，使变现渠道更加通畅、变现能力更加强大；另一方面，个人开发的新业务能吸引更多的资本，并受到媒体的热捧。

7.5　微信第三方服务平台使用攻略

　　从传播媒介的角度看，微信小程序的出现，迎合了在移动互联网流量红利逐渐消失的背景下，线上和线下的场景与媒介深度融合的发展趋势。营销的侧重点开始从流量导入转变为场景及内容输出，线下的用户数据、碎片化需求与线上的工具与技术的融合将为营销产业的发展提供广阔的想象空间。

　　微信小程序对线上与线下的中长尾流量进行截留，以微信为媒介，通过二维码扫描及线上搜索等方式为广大用户提供各种优质服务，将带来用户黏性及价值变现能力的大幅度增长。

　　微信小程序能够降低中小型企业的开发及运营成本。从本质上来说，对于高频 App 应用程序，人们会更倾向直接下载安装，小程序对这类 App 很难造成影响；而对于那些低频长尾的 App，人们的使用次数本来就很低，就算没有微信小程序，其本身的商业价值也有限，并会给企业带来运营负担。而对中部 App 而言，微信小程序覆盖了物流、交通、金融、生活服务等诸多领域，能够将这些领域的流量集中起来，使广大中小企业从开发及运营的负担中解放出来，有效提升了用户体验。

　　小程序的出现能够使互联网营销从业者更好地对流量进行定位及追踪，通过分析用户数据并描绘用户画像，实现精准营销。在具体业务方面，专注于微信小程序营销的企业主要涉及小程序的设计、开发、运营及数据追踪服务。那些传统的农产品户外及楼宇广告商，也能够充分借助微信小程序实现资源的重新配置及优化，加快完成互动营销时代的转型升级。

　　微信小程序具有方便快捷、即用即走的特征，对提升用户体验有良好的效果，从而帮助传统的农产品实体商家提升线上与线下融合的 O2O（Online To Offline 的缩写）（线上到线下的商业模式）营销转化率。

　　目前微信小程序仍处于起步阶段，用户对其接受程度与技术成熟度等还有待时间验证。不过它在中长尾碎片化流量的整合方面具有明显的优势，那些低频长尾 App 的需求将会被微信整合起来，使商家的营销推广变得更高效、低成本，并借助智能硬件等高科技产品实现对线上及线下用户的全面覆盖。

　　微信小程序的出现，为具备精准营销能力及擅长互动营销的企业提供了重大发展机遇，微信小程序在对用户流量的实时追踪及用户需求精准分析等方面的巨大优势，将为这类企业创造海量的价值。

　　小程序运营要以适合自身业务的开发为前提。

第一，适合自身业务。小程序开发要充分考虑自身业务。例如，在现阶段，农产品电商类应用可以开发成小程序，游戏类应用不适合开发小程序。

第二，小程序依托微信存在，不能取代 App。

农产品企业不能将所有的精力、财力都投入到小程序开发，因为微信 App 如果被卸载，就会流失很多用户，小程序也无法生存。

7.5.1　如何提升小程序的曝光度

小程序存在于微信中，微信也为小程序提供了很多便利，其中一大便利就是增加了微信入口。通过搜一搜、小程序二维码、公众号、附近的小程序等，用户能直接找到小程序。现今小程序还新增了"自定义关键词搜索"功能，用户只需搜索关键词就能看到小程序的服务内容。

7.5.2　如何对小程序开展精准营销

小程序运营人员在运营之前要面向目标用户描绘小程序。例如，对小程序码进行创意设计以吸引用户；开展门店活动，推出一些优惠活动，借这些优惠活动将用户纳入微信群，以便后续开展运营活动。

在微信群对微信好友进行精准转发，与其分享小程序界面截图，不如直接分享小程序。本地类小程序要定位本地的微信群，不要分享到其他地区的微信群，因为这种分享很难产生作用。

另外，由于微信公众号的粉丝本身带有一定的针对性，小程序可以借微信公众号进行精准推广，将目标用户导入小程序。

7.5.3　如何避免用户用完就走

第一，小程序页面要简单明了，让用户直接接触其核心业务。

第二，小程序的名字要精炼简短，做到字字珠玑，并根据用户的搜索习惯添加关键词，让用户产生过目不忘的效果。

第三，日历、计算机、时钟等都不适合做成小程序，因为这些都是手机附带的功能，很难吸引用户。当然，如果开发人员能转换思路，开发一个记录女性生理周期的日历的小程序，或许会产生不一样的效果。

第四，如何让用户形成裂变。一是用优惠活动刺激老用户邀请新用户。二是线上与线下服务。在线上为用户提供客服功能，及时回复用户信息，帮用户解决问题，满足客户需求；在线下为客户详细讲解小程序的使用流程。三是优质产品。无论何种服务都要依赖自身的产品，因此商家要精心打磨商品，提升产品的质量，让产品形成价格优势、效果优势或体验优势等。

第五，小程序如何运营推广。App 与小程序都可以通过扫描二维码进入，而用户在扫描二维码之后需要下载 App 并注册，但小程序不需要下载。相对于 App，小程序要便捷很多。但小程序还有广阔的发展空间。

微信为小程序提供了很多入口，而小程序运营就是围绕各个入口开展活动。

①主动搜索：用户只有在两种情况下，才会在微信中主动搜索小程序。

第一，用户知道小程序的全称，了解小程序的功能，要做到这一点就必须做好品牌营销。

第二，用户想要获得具有某种功能的小程序，但是不知道小程序的名字，只能输入关键词进行搜索。因此，运营人员最好在小程序的名称或内容介绍中添加一些与核心功能有关的关键词。

②扫描二维码：扫描二维码这一场景主要发生在线下。例如：某餐厅放置了小程序二维码，用户无须排队，只需扫描二维码就能进入小程序点餐、付款，然后在座位上等候即可。通过这种方式，用户省去了大量的排队时间，获得了极好的用餐体验。同时，餐厅还减少了员工的时间成本与人力成本。

除此之外，借助小程序，商家还能为用户提供优惠，引导用户以小程序的方式与好友分享优惠，从而完成裂变。小程序还能为商家提供会员服务，让商家做好用户分析和会员运营，以获取数据开展精准营销。

③附近的小程序："附近的小程序"自上线以来就受到了各企业和商家的青睐，被纷纷抢占。对企业来说，只要自己的小程序能够进入"附近的小程序"，在一定范围内，用户不用搜索就能通过列表找到小程序，也就是说，使用"附近的小程序"功能的用户都会成为企业或商家的潜在用户。

7.6　微信营销实践

如今，人们都已知晓微信营销活动的作用。例如，一场优秀的微信活动，能提升用户的活跃度和营销转化率，开展精准营销，为用户提供个性化服务；通过与用户的高频互动，增强用户对品牌的认知，提升用户对品牌的忠诚度等。但是，具体到应用方面，策划微信营销活动是摆在农产品企业面前的一大现实难题。很多农产品品牌曾推出微信营销活动，但大部分收效甚微。

7.6.1　用户体验至上

企业在策划微信营销活动时，要尽量设置单一且明确的目的，不要在一个营销活动上融入太多目的。因为每增加一个目的就会使用户增加操作，目的越多，用户操作越多，活动体验就越差，最终很有可能导致用户放弃参与活动。例如，某抽奖活动设置的参与流程如下：让用户关注微信小程序获取活动链接—点击登录—输入手机号码并获取登录码—凭借登录码登录、抽奖。在这个活动中，用户不仅需要 4 步操作来完成活动，还要在手机端与 PC 端切换，操作起来非常繁琐。而企业之所以如此设计活动流程，就是因为其活动目的太多，既想增加微信粉丝，又想给网站带来流量。

7.6.2　数据分析衡量效果

营销活动的效果是可以衡量的，例如，可以计算新增粉丝数量及流量，统计销售的产品数量。如果营销活动的效果无法衡量，就无法通过 KPI 指标监测对活动进行优化、调整。如预计的活动目的是增加粉丝数量及网站流量，最终的活动效果要与该目的相匹配。

在某些情况下，容易衡量的效果未必是开展营销活动的目的，如有奖转发一条产品信息，转发数非常容易统计，但这不是该活动的最终目的，实际目的应该是流量或产品销量。

7.6.3　有限的奖品或投入

奖品或活动的投入要有一定的限制。同样的营销活动，同样的效果，A只花费了 50 万元，B 却花费了 100 万元。相对于 A 来说，B 策划的这场营销活动就是失败的。另外，如果微信营销活动的投入不可控，就会衍生诸多活动风险，带来极大的危害，所以活动策划人员要对活动的奖品与投入做出限制。

7.6.4　"一键操作"规则

人们都喜欢"一键操作"的活动，流程复杂、操作繁琐的活动会严重影响用户的体验，引发用户的反感。当然，活动流程、操作步骤与营销目的有很大的关系，营销目的越多，操作流程就越复杂。例如，某微博活动要@（提示通知）几个人才能领奖，微信活动转发到朋友圈之后需要用户截图才能兑换奖品。相对于单纯的有奖转发来说，这些活动流程都过于繁琐。当然，"丰厚"的奖品能让人们忽略操作流程的繁琐，但从原则上来看，活动流程要尽量简单，或者在活动中分阶段地设置奖励，激励用户一步步地完成整个活动。

7.6.5　有趣、具有共鸣的巧妙设计

如果活动有趣，就能吸引用户主动参与，甚至不需要设置奖励。因为用户在参与活动的过程中能获得极大的愉悦感，得到精神上的满足，不用激励就会主动参与。被人改编和转发的凡客体、聚美体就是典型代表。

由此可见，如果企业让用户在参与活动过程中获得精神层面的满足，使用户忽略物质方面的奖励，则企业的营销投入将大幅减少。有些企业热衷于公益

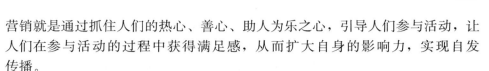

营销就是通过抓住人们的热心、善心、助人为乐之心，引导人们参与活动，让人们在参与活动的过程中获得满足感，从而扩大自身的影响力，实现自发传播。

7.6.6　微信策划活动方案的 3 个原则

(1) 活动门槛要低

根据自己的目标受众群体，参与活动的门槛要尽可能降低。同时，目标受众群体也要尽量初级化。因为用户群体越高级，其数量就越少，对活动的热衷度就越低。另外，活动门槛还包括活动规则的设定。门槛低就意味着活动规则要简单，因为活动规则越复杂，参与人数就越少。

(2) 活动回报率要高

活动回报率高，让用户受益，才能充分调动用户的积极性。如今各种活动层出不穷，很多奖品很难激励消费者参与活动，所以活动设置的奖品要有特色、有吸引力。当然，活动奖品可以是实物奖励，也可以是精神奖励。

同时，企业要尽量提升中奖率。既要设置大奖，又要多设置小奖，让更多的人拿到奖品，以保证人们参与活动的积极性。

(3) 趣味性要强

活动越有趣，参与活动的人越多，才能营造起活动氛围。如果活动趣味十足，即便没有实物奖励，用户也会积极参与，因为他们参与这个活动的根本目的是娱乐。

7.7　公众号快速推广和吸粉技巧

对企业来说，拉新、促活、留存是评价运营效果的 3 个重要指标。拉新就是吸引新的目标用户；留存就是将新用户留下来，将新用户转变成忠实用户；促活就是让这些留下来的用户保持一定的活跃度。

微信运营的拉新就是获取新用户的关注，包括找到目标用户，通过内容推送、开展活动等方式吸引目标用户的关注。

7.7.1　做好公众号定位

对微信公众号的运营来说，品牌定位非常关键，因为品牌定位对公众号的后续发展方向、运营策略、内容策略、后续关注人群的特点有决定性的影响。

(1) 品牌定位

"细节决定成败"在微信公众号领域同样适用，品牌定位就是其中的一大细节。品牌定位包含两个内容，一是品牌形象，二是品牌调性。品牌形象指的是微信公众号展示出来的视觉元素，包括微信公众号的名称、简介、图标、顶关注、底关注、正文中的特殊符号、菜单栏的规划和内容等。品牌调性指的是微信公众号的内容及相关视觉元素传递出来的特点，这是公众号运营需要长期坚持的内容，如故宫淘宝等微信公众号就有鲜明的品牌调性。

无论用户通过哪种方式获取信息并关注微信公众号，其原因无非有两点，一是认可你的内容，也就是通过浏览某期内容或历史内容对账号产生了认可；二是认可公众号的品牌形象，即公众号的视觉元素得到了用户的认可。大量数据表明，如果微信公众账号没有特点，内容没有鲜明的特征，公众号受关注的概率就很低。因此，微信公众号的运营者为了保证运营成功，必须率先做好品牌定位。

（2）用户定位与内容定位

在运营微信公众号的过程中，运营者必须做好用户定位和内容定位。

首先品牌类的微信公众号要根据用户确定内容，因为品牌有非常明确的目标用户群体，先了解用户的特点，再根据目标用户的喜好创造内容，这样生产出来的内容更能吸引目标用户关注。然后是自媒体类的微信公众号要根据内容确定用户，因为自媒体大多有自己的优势领域，只有处在这个领域才能源源不断地创造内容，有什么类型的内容就能吸引什么类型的用户。

无论是通过内容定位用户，还是通过用户定位内容，最终的关注点还是要落在目标用户上，要以用户为核心。无论微信公众号如何定位自己的目标用户群体，都要保证自己的内容质量，让用户产生信任和满足感。

一般来说，微信公众号的内容定位和用户定位最好的方向就是小而美，即只专注一个领域或一个方向，将其做精、做细、做专。小而美的优势有两点，一是从内容方面来讲，小而美能帮助运营者将关注的领域聚集起来进行深挖，让内容更加专业；二是从用户方面来讲，专一、有重点、有内涵的文章更能吸引用户的注意力，受到用户的喜爱。

7.7.2　找到目标人群

定位了微信公众号之后，就已经明确了公众号的发展方向、目标人群和运营策略。需要对公众号拉新的运营者，定位之后就是明确目标用户群体，采取有效的方法向其推送内容。常见的、免费的内容推送策略有朋友圈转发、微信大号资源互换或互推、注册传统媒体专栏将信息同步、跨平台推广等。

从社交媒体方面来看，每个用户都不会只用一种社交工具，这样，要想获取用户关注，就要走进用户的视野，将信息传播给更多的目标用户。运营者可以在多个平台推送信息，以提高目标用户群体看到信息的概率。

为了保证内容的分发效果，要根据不同平台的特点进行内容发送，就是要了解目标消费群体的触媒习惯，如目标用户群体的活跃时间段等。

7.7.3　将信息传递给用户

明确目标用户群体的位置后，就要采取有效措施将信息传递给他们，吸引他们的关注。为了保证信息传递的有效性，运营者前期要做好基础工作，如定位、寻找目标用户群体等。

运营者可以采用多种方法将信息推送给用户，最有效的方法就是活动导流，如用户关注微信公众号、将信息转发朋友圈、截图回复公众号等。

用户关注微信公众号的原因就是认可公众号的内容。但用户要关注微信公众号，通常会做出两个动作。一是发现并认可公众号的内容。因此，内容发布时间、发布平台、内容及标题非常重要。如果公众号的内容被权威平台推荐，该公众号被关注的概率会大幅增加。二是在关注公众号之前，用户会查看该公众号的历史消息与视觉形象，如果符合自己的需求或喜好就会关注。

用户关注微信公众号的方式通常有以下几种：扫描公众号二维码、搜索微信号或微信名、通过内容页提示关注入口等，因此，公众号运营者在推送信息的过程中必须明确关注入口，如在内容下方添加二维码等，让用户在产生关注后直接扫码点击"关注"。

第8章　微博营销

8.1　微博营销概述

通过微博的社会化营销，帮助个人乃至是农产品企业实现经营目标是一个说大不大，说小不小的课题。首先要确定为什么做微博、如何运营微博、怎样才算运营好微博。

8.1.1　为什么要做微博

（1）微博是一个适合营销的场域

微博历经 10 年，已经拥有超过 4.86 亿月活跃用户，每天都有 2.11 亿多人在这个平台上活跃，其中不乏名人明星、各领域大咖、有影响力的媒体以及通过多样的玩法制造一个又一个经典营销案例的企业，他们带着自身的内容势能而来，依托微博极具爆发力的传播形式，使微博成为一个巨大的兴趣场、舆论场，成为一个打造热点、传播热点、借势热点最好的平台。

（2）微博传递信息，可以时时影响用户

用户接收信息的方式也在悄然发生着改变，曾经，人们只能通过电视、报纸、杂志等媒体获得信息，而现在，无论是室内外大屏幕，还是手机的小屏幕，都已经深入到用户的生活场景中。其中，微博以其高效的互动性和实时性，让企业可以随时接触用户，将营销信息在用户清晨醒来、上下班路上、午间休息、晚间娱乐等各个时间点进行传递，实现用户对品牌的认同或营销转化。

（3）微博多样的内容表达形式，能够更立体和丰富的传递营销信息

微博从简单的 140 字分享，已经进化为多媒体的分发平台，支持图文、视频、直播、故事等多种内容形式，在原有转发评论的基础上，发展出点赞、投票、问答等多种互动形式；各种商业产品不断升级，如：点赞抽奖、微博橱窗、边看边买、搜索彩蛋等，将企业的营销内容浸润到用户的浏览场景中，持续扩大企业营销的发挥空间。

基于庞大的活跃用户群体和强大的传播能力，微博构建自身的平台商业生态，支持企业的品牌传播、营销转化或舆情管理，凭借丰富的营销场景、不断

升级的营销工具，达成自己的运营目标。

8.1.2 如何运营微博

运营微博就是每天发微博，经常做抽奖。真正的微博运营，应该有完善的账号运营规划，至少需要明白两个问题：运营官方微博的目的是什么？是推广品牌，还是销售转化？是收集客户资料，还是服务客户？明确了运营目的，才能将其运用到后续的运营规划中。

运营目标用户是想尝鲜的年轻人，还是稳健、冷静的上班族？或是像母婴行业有着特别明显群体特征的宝妈们？还是泛娱乐、泛知识等覆盖面广的普通人群？

有了明确的目标，再结合企业自身的服务、产品，来定位账号，规划内容结构，选择商业工具，借力微博的产品、机制、热点，有技巧的组织内容以获取用户。

8.1.3 怎样才算运营好的微博

数据时代，数据是检验运营效果的黄金标准，微博也不例外。以企业微博为例，传统农产品巨头企业北大荒、顺鑫农业……无一不是粉丝和互动双丰收，成为企业成功运营的标杆。

粉丝量，是企业需要关注的核心数据。粉丝的积累并不是单纯粉丝数量的增长，而是企业私域流量的构建。优质活跃的粉丝将企业的私域流量池不断扩大，直观地反映着企业社交资产的规模，也是企业营销活动成功的保障。

粉丝的沉淀需要企业持续输出优质的内容，需要企业成熟的运营，通过广告投放或是 campaign 有计划的活动等营销手段，将内容放大。社会化营销发展到今天，尤其是在微博这个平台上，企业需要运营和营销并重。

微博作为月活跃用户 4.62 亿，日活跃用户超 2 亿的社交平台，是企业营销和产生舆论的重要阵地。到 2019 年年初，微博平台的企业认证用户达 153 万。据统计，98% 的中国 500 强和 60% 以上的世界 500 强均开通了企业微博。企业微博代表着企业形象的重要窗口，企业在微博上踏出的第一步就是蓝 V 认证。

（1）企业认证能带来什么

企业认证能带来什么，或者说企业认证的价值在哪里。企业认证是企业在微博平台上的身份认证，就像明星在微博开通橙 V 账号做身份验证，企业也需要向平台验证，通过加持蓝 V 的方式保证账号的真实性。

企业认证的本质是微博平台为企业提供信用背书，帮助用户确认账号的真实性，让用户找到真实的你，这也是众多企业进行微博认证的原因。

微博作为社会化营销的主阵地，"企业认证"可以帮助企业在微博多场景中获取用户、沟通用户和服务用户，同时微博也赋予企业 3 个方面的权益。

①官方背书：如政府、媒体账号一样，企业在微博认证成功后，平台给予企业蓝色 V 标显示，以示企业账号的权威性。

加 V 的官方账号不仅拥有展示特权，还能吸引用户点击账号并查看。根据 2018 年某月的数据，微博上企业主页的平均每日访问量高达 62 258 619 次。

同时，拥有企业认证的官方微博在关键时刻能够成为企业的官方发声通道。

②运营优势：和普通账号相比，微博平台为企业账号提供了更多、更丰富的粉丝获取和粉丝运营的工具。认证成功后的企业能够通过多种工具实现精准涨粉和粉丝维护。

③营销推广：针对企业账号在微博有着营销推广的需求，微博平台给予企业账号粉丝头条折扣的特权，并为企业开通微博橱窗、微博卡券等商业转化工具，助力企业营销。

（2）企业认证完成后的实用权益

①微博管理

主页设置：企业认证完蓝 V 后可以使用微博主页，建立企业形象，推广当季产品，使用包括封面图、焦点图、友情链接、联系人，更好地帮助客户把首页品牌形象做好等特权。

底导菜单：自定义个人主页的私信菜单，设置官网外链，促进到访用户的转化和留存。

博文置顶：可置顶活动博文或重要通知，使粉丝来企业的个人主页第一时间即可看到。

私信互动：私信互动是企业借助私信能够更高效的触达粉丝。

微博编辑：微博的编辑功能是帮助用户将已发的微博再次编辑的功能，并提供编辑记录。

评论管理：帮助用户快速管理微博评论，如恶意差评、刷屏骚扰等全部由自己管理。

②抽奖营销：多种奖品类型设置——抽奖平台是微博官方的唯一抽奖工具，企业用户可以使用虚拟或实物奖品进行抽奖，是企业官微回馈用户、传播企业营销信息、提升官微关注度及粉丝量最便捷的商业工具。

可设置多种抽奖条件，如：好友才可以参加抽奖，被艾特（@）的用户会收到提醒，做到强触达＋广扩散。

支持抽奖的参与方式多种，如转发。转发抽奖是微博的涨粉利器，更多地参与方式能扩大参与量级。

③卡券营销：微卡券是微博官方开发的优惠券、代金券等。为企业提供了便捷的优惠，帮助企业在短期内获得更多的用户关注并带来进店消费的转化。

④推广特权：粉丝头条依托微博的海量用户和社交关系，帮助企业快速实现博文和账号推广，是微博重要的商业产品，企业开通企业微博可享受 95 折的粉丝头条折扣。

⑤数据分析

博文传播效果分析：博文传播效果分析是对 10 000 人转发单条微博的传播情况进行多维度分析。

竞品分析：对同类事件、人物、品牌或地域进行多维度数据比对。

事件分析：对事件在微博上的传播情况进行多维度分析，并用图表形式呈现分析结果。

关键词信息监测：根据某一事件、人物、品牌、地域等相关的关键词进行组合设置，根据提示进行监测方案的设置。

⑥商机获取：私信群发是企业用户触达海量粉丝的有效通道。通过认证的企业可免费享受一次发私信给全量粉丝的机会，以后只能随机发给 10% 的粉丝。

⑦账号服务：修改企业蓝 V 的昵称在自然年内可修改 1 次。

（3）企业认证助力微博营销

当企业完成认证后，就要开始运营企业微博了。企业认证助力微博营销有几点。

①主页自定义—品牌传播更自由：主页自定义是企业更换能传递自己品牌价值的主页设置，可以根据季节、产品的不同进行更改。普通用户无法自由更换封面图与背景图，因为没有焦点图，也没有官方认证背书，所以不能自由展示个性化形象。

②多款营销工具使营销更自由：企业认证后，抽奖营销、活动营销、卡券营销让各种营销方式更加灵活，普通用户无法使用卡券系统和活动系统，而企业用户可以自如使用卡券。

③数据分析更加清晰：企业认证后使用数据分析，能更清晰地查看重点活动与营销博文的传播轨迹与效果，为后续营销铺路。普通用户无法使用企业级数据分析传播，只能通过博文表面数据来进行分析。

（4）怎样进行企业微博认证

PC 端和手机端都可以进行企业认证，可自行选择端口。

①PC端认证入口：在设置的下拉菜单中选择"V认证"；点击微博头像右上角的蓝V标识（图8.1）。

图8.1　PC端蓝V认证界面

②手机端认证入口：找到任意蓝V手机端主页，点击更多资料，点击"微博认证"；点击"我"进入微博个人主页，选择客服中心—推荐自助服务—官方认证（图8.2）。

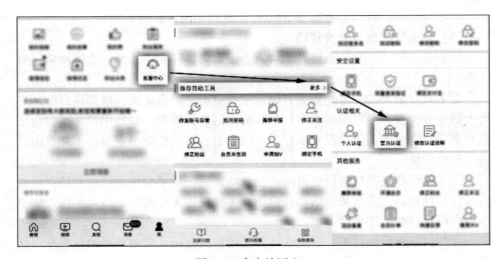

图8.2　官方认证入口

进入认证页面，填写资料（图8.3、图8.4）。

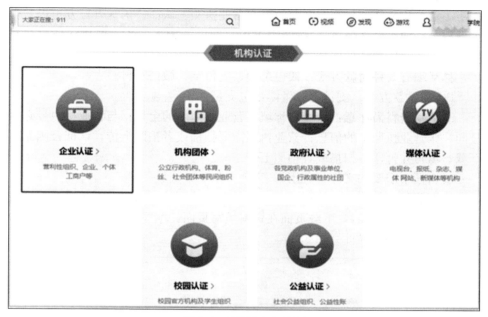

图 8.3　PC 端企业认证

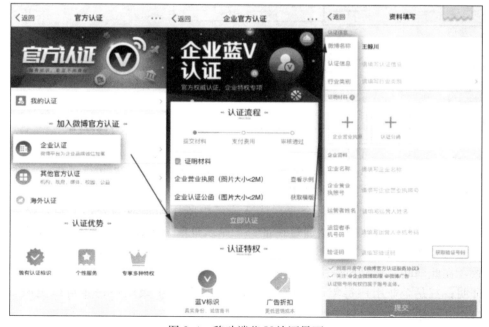

图 8.4　移动端蓝 V 认证界面

③填写企业信息：填写企业的展示信息、业务资料、运营者信息。

④上传相关认证材料：企业的工商营业执照、认证公函（有官方模板并提供下载，需加盖公司公章）；按照需求填写即可开始下一步。选择认证权益并付款。审核完毕即认证成功。

移动端有3种付款方式：钱包余额、支付宝、微信支付。

PC端付款方式：支付宝或微博钱包支付。

⑤填写资料需注意：企业名称填写营业执照上的全称；与营业执照号必须是同一张营业执照上的信息；营业执照需要扫描或者拍照上传；认证公函需要下载、填写并打印，扫描或者拍照上传。

⑥认证中需要的文件与费用

认证公函：是企业在认证官方微博时必须填写的资料。企业需要下载《官方认证通用申请公函》，下载页面在资料填写页面，填写完整后加盖红色公章，上传清晰的公函扫描件（图8.5）。

图8.5　上传公函界面

认证费用：企业蓝V认证的审核费用为300元，中级5 000元，高级9 800元，费用不同说明获取的权益不同。

⑦认证注意事项：一是企业在认证公函中所用印章应为公司公章，财务章、合同章和虚假印章无法通过认证；二是认证时需要缴纳300元认证费用，并且每年需要缴纳300元年审费用。年审需要提供的资料和认证时的内容一致，在此期间，账号所属主题有更改的企业需要购买服务包提交账号主体更改证明；三是企业用户每年可以免费更改一次昵称，中级用户每年可以更改3次，高级用户每年可以更改4次。

8.2 微博装修大揭秘

当提到微博的主页装修，一般会同时想到街边门店的店铺装修。其实店铺的门面装修和企业微博的主页装修并不是一个逻辑层面上的工作。

店铺门面的装修主要是为了吸引客人的眼球，将顾客吸引进店；而在微博上，企业真正吸引用户的，是优质的内容和丰富的营销策划，企业主页反而成为吸引用户之后的"第一落点"，是用户产生时间浏览的机会，更是引导用户关注，辅助用户做出购买决策的重要一环。

8.2.1 为什么要做好微博的主页装修

除了精心发布的每条博文，蓝 V 的主页也是企业重要的展示页面，用户在移动端点击企业账号的头像或昵称时，会第一时间跳转到企业账号的主页。根据数据统计，每个企业账号平均每天的 profile（企业简介）页面访问量高达 150 万次，其中 50％的访问量来自没有加关注的用户，而没有加关注的用户中有超过 10％的用户转化为粉丝。

profile 页面对于企业来说是一个重要的流量入口，利用其展示企业信息，既可以高效获取粉丝，传递品牌价值，又可以辅助用户做出决策，实现购买转化。

蓝 V 的主页装修包括封面图、背景图、焦点图，还有企业简介、友情链接、入驻地点等内容，可以设置自定义菜单栏、微博橱窗、账号矩阵等功能来辅助营销和推广。一个好的主页不仅可以展示品牌形象，还可以展现产品信息、最新活动、线下导流等。

因此，好的蓝 V 主页能够更快捷、全面地将企业信息传递给潜在用户，吸引用户关注，树立品牌形象。

8.2.2 怎样设置主页使展示效果更佳

（1）微博昵称、头像

微博的昵称和头像是一个账号最基本的元素，具有强曝光的特性，在企业主页、搜索页、信息流、账号推荐中都会呈现。虽然设置简单，但选择昵称和头像也有技巧。

首先，企业的微博昵称应与本企业具有相关性，避免歧义，结合账号的定位来设定昵称。

整个企业的官 V，微博昵称可设置为企业全称，如：@天猫；

企业的某一部门或频道，微博昵称可设置为企业全称＋部门名称，如：@新浪科技；

企业的某一职能账号，微博昵称可设置为企业全称＋职能名称，如：@滴滴出行客服；

企业的某一产品，微博昵称可设置为企业全称＋产品名称，如：@OPPO拍照手机。

其次，头像的设置也应选择与企业相关的元素，如品牌的商标、企业的卡通形象、企业的旗舰产品或代言人。此外，在营销活动时，也可以在头像中增添活动的元素，为活动造势，如：在每年的双 11 期间，天猫账号矩阵中的所有账号和头像，都会增加 11.11 的元素。

（2）封面图、背景图

封面图和背景图是用户进入主页后第一眼看到的地方。主页形象的设置能够为品牌的宣传创造良好的效果，使用户快速获取品牌传达的信息。

（3）简介、友情链接、账号矩阵

简介和友情链接在 PC 端账号主页的最左侧菜单栏，在移动端账号主页的基本资料中。

简介，顾名思义，是简短介绍自己，如：小米手机的简介"一面科技，一面艺术"。企业通常会选择几类内容，向用户快速传达品牌理念和信息、品牌标语、品牌主营业务、品牌企业使命。

友情链接可以添加品牌的官网或电商平台的店铺，方便粉丝进一步了解品牌，实现引流和转化。

账号矩阵联动是微博运营中常见的玩法，通过矩阵微博联动，能够为企业的宣传和推广实现由点及面的立体传播效果。微博有以下几种常见的企业矩阵方式。

①企业功能矩阵：招聘客服促销等多功能的官 V 微博，比如：@天猫和@天猫客服等。

②产品矩阵：企业的品牌产品的分支微博，比如：@小米和@小米手机、@红米手机等。

③名企高管矩阵：企业首席执行官（CEO）或企业高管的个人微博，比如：@小米和@雷军等。

④企业员工矩阵：企业的下属员工、名医、讲师团等，比如：@新东方和@小帅老师、@艾力酷艾英语等。

在微博主页的展示上，应添加企业相关的矩阵账号，注意账号间的联动互动。如：@小米公司设置的小米管理团队和公司微博矩阵的展现，为企业进行多维度的宣传，塑造了值得信赖的大企业形象。

在企业的社会化营销中，高效的信息展示给企业带来了更多的品牌曝光与咨询转化的机会，所以也要重视官 V 账号运营中的这些基本功能。

8.2.3　实操附录：手把手教你做主页设置

（1）微博昵称、头像

在注册微博账号时，要为自己的账号设置昵称和头像。每个普通账号每年只能修改一次微博昵称。购买了中级版服务包的用户在一年内可修改 3 次昵称，高级版用户能修改 4 次昵称。这样，企业也可以通过昵称和头像的修改来配合营销活动。

昵称设置的修改路径为：进入移动端首页后，点击"更多资料"—"编辑"—"昵称"，进入后即可更改昵称，待微博审核通过后，即显示新的昵称。

头像的设置修改路径为：进入移动端首页后，点击"头像"，即可更换照片。

（2）背景图、封面图、焦点图

背景图、封面图、焦点图的设置均可不限次数自由更换。

①背景图设置路径：进入 PC 端的微博首页，在背景图右上角卷起来的彩色三角形处，点击按钮即可进行微博背景设置。

卡片背景—发布的博文右上角所带的卡片形象。

②封面图设置路径：

PC 端设置的路径：进入个人主页，鼠标悬停到封面图位置，点击右上角的上传封面图，选择已经制作好的封面图上传即可。

移动端设置的路径：进入手机端个人主页，点击"顶部图片"进入封面设置，上传图片即可（图 8.6）。

（3）简介、标签、个性域名

①简介设置的路径为：点击 PC 端右上角的"齿轮"按钮—账号设置—官方资料—简介。

②标签设置的路径为：点击 PC 端右上角的"齿轮"按钮—账号设置—官方标签。

标签设置的页面中，系统会根据账号的特性推荐一组标签，同时也可以自行创建新标签，每个账号最多可添加 10 个标签。

③个性域名的设置路径为：点击 PC 端右上角的"齿轮"按钮—账号设置—个性域名。

个性域名设置之后不能更改。但微博的网络号还是可以使用并存在的。在 PC 端选择自己推送过的一条博文，点击推送时间，查看浏览器地址中的 10 位数字，即为账号独一无二的网络号。（图 8.7）。

图 8.6　主面设置方法

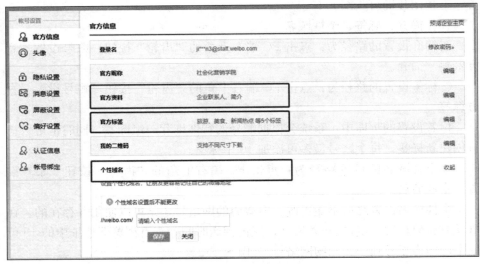

图 8.7　个性域各设置

（4）友情链接、账号矩阵

①友情链接的设置路径为：PC 端点击自己昵称—管理中心—设置管理—资料管理—友情链接。

友情链接最多可添加 6 条，并可拖拽顺序，分 PC 端与手机端地址，注意不要填混（图 8.8）。

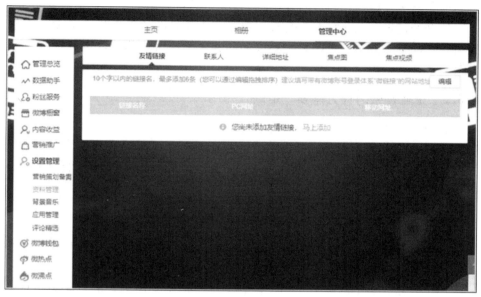

图 8.8　友情链接设置界面

②账号矩阵的设置路径为：PC 端点击自己昵称—管理中心—设置管理—资料管理—联系人。

联系人中包含可以设置的领导人、工作人员及相关机构等 3 个目录，目录的名称也支持自定义。单条目录中最多添加 39 个联系人，直接输入微博昵称即可添加。

注意：在设置完毕后，一定要点击保存。

8.3　微博营销的核心运作要点

官 V 运营，内容的"调性"和账号的"人设"是基础，决定着账号内容构建的方式和内容输出的风格。许多官微运营者看着别人家官微运营得有声有色，对着自己的官微却不知从何做起，虽然清楚账号要有"人设"，内容要有"调性"，却又不知道这"人设"和"调性"怎么把握。这种情况下，说明其忽略了一个重要的账号运营基础：账号定位。通俗地说，账号定位就是这个官微是做什么用的。清晰的账号定位能够有效地指导账号内容的构建，从而帮助运营人更准确地把握账号的"人设"和内容的"调性"。

8.3.1 什么是企业官 V 定位

企业官 V 的定位可以理解为该微博是做什么用的。官 V 的定位就好像一个人的角色设定，比如当一个人是"公关经理"和"孩子的妈妈"两种不同的角色时，其个人沟通和表达的方式肯定是不一样的。

同样的道理，企业官 V 的定位，就是这个账号的"角色"，是品牌宣传的使者、产品推广的销售，还是耐心温和的客服，这些角色的设定就是官 V 的"定位"。

8.3.2 企业官微为什么需要"定位"

企业在微博上的一举一动，都是在展示自己的企业形象，都是一种营销手段，重要的是官 V 运营的章法得当，符合预期。官 V 的角色设定直接影响着企业账号内容构建的方式，也就是账号跟粉丝对话的方式。明确了自己的角色定位，自然就有了对应的运营模式。

（1）官 V 的定位决定了官 V 内容的风格和调性

企业的官 V 有了明确的定位，就如同一个人有了明确的角色。就可以有内容的文风和调性，也就是和粉丝对话的方式。粉丝会从官 V 调性统一的内容输出中感受到官 V 的定位，而使官 V 的运营符合粉丝的预期。

如，以品牌为主的账号定位，内容调性可能更为华丽，内容张力也更充沛；而以客服为主要定位的官 V，更偏重温暖、贴心、细致的调性。

（2）官 V 的定位决定了官 V 内容构建的模式

内容调性确定之后，官 V 就可以进行内容构建方面的规划，如，以营销转化为主要定位的官 V，自然多做营销活动，使用橱窗、卡券等工具进行销售引流；而以产品推广为主要定位的账号，则可能更多地发布产品的功能介绍、用户好评晒单等内容，向粉丝详细介绍企业的产品。

8.3.3 如何确立企业官 V 的定位

（1）官 V 运营的目的和诉求

企业的营销需求可以划分为四大类：品牌传播、产品推广、营销转化、客户服务。做好官 V 的定位，是为了更好地达成运营目标，满足企业对官 V 运营的诉求。

企业可根据自身的情况来确定官 V 的定位。

品牌传播为主的定位，选择以品牌传播为主的账号定位，通常的情况。一是企业自身的产品已经有强大的影响力，需要持续提升品牌形象，二是企业自身的产品并非大众消费品，需要通过良好的口碑来驱动客户的认可。

当企业官 V 选择以品牌为主的定位后，在内容的构建上需要紧紧围绕品牌本身，通过视频、图文、话题等方式，借势节日、明星等热点，将品牌的形象进行多维度的展示。

一些典型的以品牌为主要定位的官 V，并没有简单地做每日官宣，而是将内容与品牌展示紧密结合，所有博文都通过视频、图片等方式来展示产品。日常博文强调互动性，节庆热点强调融入性，联合活动强调关联性，所以通过潜移默化的方式让品牌形象深入人心。

（2）产品推广为主的定位

与品牌传播为主的定位更注重打造不同的整体品牌形象，而产品推广为主要定位的账号更聚焦单一产品的推广，如新品、爆品、重要产品的功能等。

选择以产品推广为主要定位，通常有几种情况。一是企业的产品为大众消费品，用户更新频率高，迁移到其他品牌的成本低，需要持续吸引新用户，维护老用户；二是企业的产品更新速度快，行业变化快，需要不断推陈出新，并将产品的新功能及时推广到用户眼前；三是企业自身有较强大的品牌号召力和销售网络，相比打造整体品牌形象和快速向销量导流，产品的推介更为重要。

以推广为主要定位的账号的构建内容如下。

产品功能推介：发布新品后，官 V 通过持续介绍新品的功能点，引导用户消费决策；文案结合当下热点和目标用户的兴趣点，引发更大量的互动。另外，还可以通过行业资讯网站背书介绍产品的功能。

用户晒单：用户的反馈和好评比官 V 的自我推广更具说服力，也是官 V 运营是否有力的内容素材。

转发抽奖：通过转发抽奖的玩法，持续扩大产品的传播力。

（3）营销转化为主的定位

营销转化是广大企业在微博上最主要的诉求，微博也提供了多种商业工具、广告产品，以及明星、网红、企业联动等玩法，助力企业实现更好地转化效果。

以营销转化为主的账号定位适用于很多类型的诉求，无论是线上售卖，还是吸引到店消费，或是获取客资，都需要账号运营人在营销转化方面发力。随着社会化营销的发展，通过社交媒体获取客资，直接实现产品售卖，已经是越来越多企业的选择。

选择以营销转化为主要定位，通常有以下几种情况：

一是企业的主要产品为大众消费品，需要消费者高频次、重复性消费；二是企业处于起步阶段，产品和服务急需更快地推广和普及；三是公司有线下消费场所，如餐厅等，需要从线上吸引到店消费；四是企业提供高客单价的产品或服务，但重复消费的场景不多，需要不断地吸引新客。

比如，餐饮行业的"@西贝莜面村"官V，是通过菜品、食材的展示、餐厅环境及服务的展示、积分福利活动等方式，结合转发抽奖的玩法，吸引用户到店消费。"@铂爵旅拍"属于高客单价、低复购率的产品，通过发布拍摄花絮、转发用户好评来推广产品，同时把握用户关注拍摄效果的心理，通过客片展示搭配询价链接来高效获取客户资源。

(4) 客服为主的定位

企业在做账号定位时，除了以品牌、转化为主定位之外，以客服为主定位的企业官也越来越多。随着企业微博的发展，越来越多的企业选择建立账号矩阵，而客服账号通常是矩阵中的标配。

选择单独地建立客服账号多为大型企业，因为有较多的客服需求，如@中国移动10086、@OPPO客服、@滴滴出行客服等。

@中国移动10086作为客服账号的典型代表，构建了十分完善的内容体系，以日常科普、套餐资费介绍为主要内容，并策划了♯FM10086♯话题，对科普内容进行整合，提升用户找到所需内容的效率。

8.4 微博涨粉攻略

越来越多的企业开始在微博做内容，以达到营销推广—粉丝获取—用户转化的目的。那么微博在这个链路中，有什么独特的优势呢？

在自媒体时代，传统的"大众传播"思维已不适用，不能过度依赖媒介，因为媒介所传递的信息是单向的，企业与用户的沟通也是单向的。而微博在很大程度上突破了信息传递的单向性，当用户看到企业发布的内容，可以实时产生互动，企业也就实时接收到了反馈；如果用户被内容吸引，继而成为企业的粉丝，企业就可以对用户产生持续的影响，用户也通过持续和企业的互动，成为企业内容的一个传播节点。而长期持续的传播和互动，可以维护粉丝黏性并提升品牌好感度，进而影响目标用户的消费决策，这种品牌与受众长期稳定的连接，是微博平台十分明显的优势。

企业微博内容的核心受众，是企业在市场上的目标用户，时刻都要本着"迎合目标用户"这个出发点去打造所有的内容。

8.4.1 目标用户决定内容走向

任何一个企业的产品和服务，都有既定的目标人群，也就是企业潜在的用户群体，所以企业官V在进行内容构建之前，首先要了解本企业的目标用户想看到什么，想了解什么。

（1）企业产品与核心功能是目标用户最关注的点

对于用户而言，一个企业的产品最出众的功能，往往是核心关注点。所以产品功能推广是企业微博重要的内容构成部分，而产品推广又通常融入到新品发布、旗舰产品推广两个场景中。

①新品发布：通过微博直播新品发布会的形式已很普遍，直播的表达形式可以让用户产生身临其境的现场感，将一手的新鲜资讯实时传递给用户，并且同步进行讨论，可以使新品一经发布就获得很大的讨论量，从而推高新品的曝光量，促进新品销售。同时，在发布新品时搭配转发抽奖的玩法，可以帮助新品得到更大范围的讨论与传播。

新品发布除了使用微博直播，还可以有更多的方式。发布开箱视频也是科技类企业推广自己新品的一个常用做法。如@DJI 大疆创新官方微博在新品 Mavic Air（无人机）发布时，通过开箱视频介绍新品特征和使用说明，根据数据显示，该条博文的阅读量比同期微博高 32％。

此外，企业也可以在推广新品时使用产品展示视频或者直接使用产品描述＋产品宣传照的图文形式去发布新品。和发布直播的形式一样，新品推广搭配转发抽奖玩法的效果很突出。

②产品推广：在发布新品之外，企业官 V 进行持续的产品推广是常见的内容，在拥有 2 亿日活的社交媒体平台上，扩大产品销量，推动官 V 粉丝转化为自己的消费者，实现营销转化已经成为众多品牌官 V 必不可少的职能。

产品推广也可以用视频和直播的形式进行。使用视频推广产品的方式和新品发布一样，如果有代言人的企业，使用代言人植入推广视频的效果更好。

同时，微博橱窗是帮助企业促进营销转化的有效工具。微博橱窗产品已接入了淘宝、聚美、京东等电商平台。用户在微博看到商品信息后，直接跳转合作平台下单消费，天衣无缝的衔接极大地提升了营销转化的效率。

（2）用户关心产品功能的同时，同样关心产品质量

企业希望目标用户进行消费决策时能第一时间想到本公司的产品，除了产品功能出众以外，还需要产品的品质过硬。很多企业官 V 通过微博发布产品的制作过程、流程工艺，向用户展示产品品质，传递产品可信赖的感知。

用户对自己使用的产品是如何生产的有着强烈的好奇心，尤其是高科技领域和机械化生产的产品，已经有很多企业通过发布产品的生产流程来满足用户的好奇心。同时，发布生产过程也是很多企业通过推广自己的产品来吸引用户购买的一种方式，餐饮和食品企业也经常用这种方式来吸引用户到店品尝。

（3）产品的功能和质量都出色，那服务怎样呢？

企业的服务水准是目标用户关注的第三个重点。不同性质的企业体现服务的形式不同，如电商、外卖平台，通过展示快递小哥、送餐小哥的辛苦劳作和

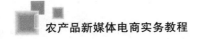

严谨守时来体现自己的服务水准。

而大家电品牌通过靠谱的安装服务来展示自己的售后保障。

（4）向用户传播企业文化

用户通过产品的功能和品质来判断企业的产品是否可靠，通过企业的文化来认同企业的品牌。企业文化是企业品牌的外在表现形式，当企业通过自身的文化感染用户，并获得用户的认同后，用户对企业品牌的好感度会大幅提升，同时大幅降低了消费决策的成本。

①通过企业的内部活动传递企业文化：微博以高度的公开性和传播力，成为企业对外展示文化的重要窗口，是蓝 V 用来打造自身品牌形象和吸引人才的重要方式。

②在回应舆论热点时传递企业文化：企业除了重要的纪念活动外，在回应舆论关切点时，也是一个很好的传递企业文化的时机。

③让企业家、企业员工成为企业文化的代言人：企业家自带流量光环，可以说是企业专属的领袖，及时发布企业家的相关内容，既可保证内容的质量，又高效地传递了企业的核心理念，还能获得高效互动。

企业家的相关内容可以分为以下几种：企业家重要场合的演讲，如张勇在乌镇的世界互联网大会的讲话，获得接近 6 000 人次的互动；企业家参与的重要会议和活动，如账号@双童吸管，发布创始人参加浙江师范大学的总裁班开班仪式，博文获得近百次互动，为该账号在同期互动中较好的博文之一。这些和企业家相关的内容，同样能潜移默化地让目标用户更信任本公司，帮助目标用户做好消费决策。

此外，因为企业家也是有血有肉的人，企业官 V 不仅可以适当地展示企业家工作之外的形象，还可以更好地建立企业家的亲和形象，拉近企业和用户的距离。

企业账号可以重点宣传员工的好人好事，用来帮助打造品牌形象。如@滴滴出行，在 2018 年经历过司机恶性事件后，微博账号重整旗鼓，通过发布多条司机正面形象的内容，缓和了大众对滴滴公司的负面情绪。

8.4.2　扩大内容的传播，让内容"出圈"

有了优质内容后，就要让已有的内容突破已有的粉丝圈层，获得更大范围的传播。在微博的关注流中，所有用户的博文都遵守着同一套分发规则，在这个规则内，通过活动，微博能让自己的粉丝、潜在粉丝看到该怎么做。粉丝头条就是一个很好的工具，可保证高质量的博文获得更高的曝光，让好的活动产生更大的声量。

今天主要和大家阐述粉丝头条的两个功能，如图 8.9 所示。

图 8.9　推广界面

（1）推广给我的粉丝

有一定粉丝基础的企业可以在自己的优质内容上进行一定的投放，推广给我的粉丝，可以将投放的博文展现在活跃粉丝微博首页的第一位。无论是急需推广的新品，还是对转发抽奖玩法的进一步扩散，该功能都会帮助官 V 将内容更好地传播。

（2）推广给指定账号相似的粉丝用户

需要投放给除自己粉丝之外的其他用户的官 V 可以使用该微博的功能。官 V 往往有关键绩效指标是关于涨粉数量，那么如何才能有效涨粉呢？辛苦熬夜写完文案，如何传播出去呢？使用该功能将心仪的博文推广给自己的目标粉丝群体即可。目标粉丝群体可以分为竞品的粉丝和同行业关键意见领

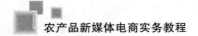

袖的粉丝。

超级粉丝通也是可以将发布的博文投放成广告的工具，超级粉丝通可以将博文投放给目前还不是粉丝的潜在用户。使用超级粉丝通需要开通广告账户，并且需要上传企业资料（如营业执照），对企业进行认证。认证通过后，企业账号就有投放超级粉丝通的资质了，后期会有专门的服务人员对接企业，帮助企业操作超级粉丝通的投放，可以在 https：//tui.weibo.com 了解超级粉丝通的详情。

企业要知道自己的目标用户是谁，目标用户需要了解什么，这就是蓝 V 做内容的思路——目标用户决定内容走向。

优质的内容想要获得更好地传播可以把内容投放给自己的粉丝以保证最大范围的曝光，也可以把内容投放给潜在粉丝以获取更多目标用户的关注。

8.4.3　微博推广工具的利用

粉丝是企业账号最宝贵的社交资产，那要怎么获得粉丝呢？这就需要微博的推广工具，而要使用这些工具达到想要的效果，先要了解微博推广的目的就是营销转化。想要熟练地掌握微博推广工具，就要理清营销转化的思路。

（1）营销推广工具

随着互联网的发展，粉丝经济的运营法则从"以产品为核心"向"以人为核心"转变。社会化营销是众多企业账号运营必须面对的问题，也是互联网经济的必然趋势，是提升企业营销效率的必经之路。

微博作为有着 4.46 亿月活跃用户的社交媒体平台，有着其独特的社会化营销价值。微博上，有 93％的移动端用户，81％的 30 岁以下年轻人，78％的高学历用户以及 56％的三四线城市用户，这些用户年轻活跃、优质高知、区域下沉分布广泛，都对企业的社会化营销有着极高的价值。

此外，微博平台有丰富多样的运营工具和层出不穷的新鲜玩法，能够赋能企业官 V 打通"粉丝吸引—粉丝运营—粉丝沉淀—粉丝变现"的全链路。将微博强大的社交网络拓展成为企业的销售网络，是社交资产变现最直观的方式，而且微博平台的一些特色工具，能够帮助企业实现高效便捷、事半功倍的营销。

①卡券助力营销转化：微卡券是微博平台开发的一款商业工具，它主要以购买—核销的功能为核心，帮助广大企业用户，尤其是电商、O2O 等行业的用户在微博平台上实现线上向线下、微博平台向商城网店等转化的引流营销。

通过发送优惠券或代金券的形式，企业官微能够更快速地吸引意向用户，挖掘潜在用户，刺激用户消费，引流到店，实现新客引流，老客回流。可以说，微卡券是企业提高销量的鼓风机。

②卡券对于企业官的作用：

一是高效涨粉，获取精准粉丝：用户在领微卡券的时候，如果购买了商业服务包的增值功能，就会自动关注博主，为官 V 带来精准的新粉丝。例如@众筹吧，通过微博平台结合过年福利，发放众筹现金券，密切与粉丝进行互动，吸引初期客户进行关注并注册，提高 App 的点击下载率。卡券适用于企业 App、官网、线上商城的引流。

二是激活老粉，增强粉丝的活跃度和黏性：微卡券可以作为公司名片，通过邀请和优惠的方式，加深客户对品牌的印象，触发客户的购买行为。例如@聚美优品，在微博的"让红包飞"的大型活动中，下发新春大礼包优惠券，引导粉丝在聚美优品 App 购买产品。由此可见，对于需要向官网、线上商城等引流的企业蓝 V，卡券是非常合适的推广工具。

三是店铺导流，增加客户到店：拥有线下实体店铺的企业，可以用线上发券，线下消费的方式，通过线上的推广给用户种草，来刺激用户完成领券动作，再通过优惠券吸引用户到店消费。

③完善的传播和提醒机制

领券自动分享：用户在领取卡券的同时，用户会自动发出一条微博，企业可以自定义用户分享内容的文案，用极低的成本获取高效的传播。可以考虑在设置自动分享文案时加入@官 V 的昵称，既能提高官 V 的曝光量，也缩短了其他用户进入官 V 主页的路径。

过期前提醒：为了避免用户领完券忘记使用，微博的卡券非常贴心的设置了过期提醒。企业可以选择在过期前 1 天提醒用户，也可以使用增值功能。如果在过期前 7 天提醒用户，则给用户留下充分的安排时间的余地。

④无缝对接，合作电商平台一键直达：阿里、京东、唯品会的卡券直发，购买流程简单易操作。

如@魔术牙医徐勇，刚发放的淘宝链接优惠券，用户点击领取后能够直接跳转到淘宝平台上购物。

⑤卡券上线发布后，如何有效触达更多的用户？

使用转发抽奖＋卡券的玩法：转发抽奖是一种非常常见的微博玩法，不论是扩大宣传或是涨粉，转发抽奖都能很好地达成预期的运营效果。配合转发抽奖来发放卡券，能有效吸引更多粉丝及非粉的关注，实现营销转化。

借力 KOL 发送卡券：通过和产品匹配的垂类 KOL 的推广和宣传，能够更有效地触达产品目标人群，实现高效转化。

借助广告扩大声量：粉丝头条或粉丝通的投放是不错的选择。在为博文投放广告时，有这些小技巧可供参考。

根据自己的行业，选定自己的目标群体。比如美食、食品相关的行业，需要将这条卡券曝光给对吃、玩、美食感兴趣的粉丝用户。

一是设置投放给指定账号的粉丝。像@密子君、@办公室小野等账号，都是吃货们关注的美食博主，她们的粉丝宝宝自然也是你的宝宝，通过在粉丝头条中投放给这些美食大 V 的粉丝，能够实现卡券的高效精准触达。二是设置投放用户的兴趣群体，比如对美食感兴趣的人群等。

对于线下实体店铺，可以通过圈定指定区域的城市、商圈等人群，能够有效提升到店转化效率。如@西贝莜面村，在石家庄进行的卡券发放活动，搭配精美的美食图片，吸引用户关注，第一轮 200 张卡券在 25 分钟内被领完，到店核销率高达 10%。

（2）微博橱窗助力线上转化

①什么是微博橱窗：微博橱窗是微博官方开发的商品发布工具，对于电商行业或有营销需求的企业用户，利用微博橱窗可以直接在微博上发布商品，能够在微博上直接实现从种草到营销转化，打通购买通路，降低用户的购买操作成本。

②微博橱窗有哪些优势：微博橱窗能够帮助企业官 V 实现营销转化的需求，此外还有几条优点。一是橱窗博文的分发权重更高，能够更多的触达目标用户。二是微博橱窗属于微博内链，能够享受粉丝头条投放时的内链优惠，大大降低推广成本。三是简单易操作，是微博通用工具，不需要权限开通。四是支持导入淘宝、京东、聚美优品及唯品会的链接。

③配合以下玩法和工具，将橱窗商品推广给更多的用户：首先，可以在发布橱窗产品时进行转发抽奖，吸引更多用户的参与和转发，来扩大传播。其次，可以为这条橱窗博文投放粉丝头条或粉丝通等广告产品，不论是粉丝或者非粉，都能够有效触达更多用户，轻松实现高效转化。

（3）粉丝服务提高销售引流

不论是转评赞还是关注，用户与账号主动产生的联系非常珍贵。因此，在用户主动和账号产生互动行为之后，蓝 V 要及时为粉丝服务，和粉丝沟通，这不仅关乎账号粉丝的留存，更能帮助企业实现销售引流。

这其中，使用私信能够有效提高与粉丝的沟通和营销转化的效率。

首先，对于高意向的用户，如主动在官 V 博文下评论、点赞，或在个人微博中主动@官 V 的用户，企业可以私信并主动询问用户的需求。例如，婚纱摄影类的企业官 V，都会通过私信这种方式来与用户沟通，获取客户资料，提高转化。当然，作为官 V 也应注意筛选用户的意向度以及私信用户的频率和方式，避免造成对用户的过度打扰，影响用户的观感。

　　此外，企业还可以设置关注自动回复和私信自动回复的功能。通过自动回复的内容设置，为粉丝的高效转化奠定基础。私信自动回复的内容可以选择对用户有价值的营销信息，如：产品周边知识、产品简介、产品链接、产品优惠信息等，这样，在用户关注了官 V 或者私信了官 V 之后，通过自动回复有价值的内容来抓住用户的心，引导品牌意向用户进一步了解品牌和产品，提高转化效率。

（4）灵动落地页提高转化效率

　　从展现到点击，再到落地页，浏览、咨询和购买，这是众所周知的营销漏斗，也是用户在网络上进行购买行为的传统路径。接下来要介绍的灵动产品就是在微博上针对营销漏斗的路径进行优化提效，提高营销转化的一款产品。

　　通俗来讲，灵动就是辅助企业官 V 进行客户资料收集、引流转化的表单落地页，此外还有支持灵活的模板制作、优化落地页加载效率、提供广告投放数据分析等强大的功能。覆盖包括教育培训、招商加盟、婚庆服务等十二大行业，通过方便快捷、灵活多变的落地页制作，多样化的表单形态，深耕客户的诉求，为企业实现最优的转化效果。

　　企业官 V 想要在微博上收集销售线索，或者想要为网站、App 实现引流跳转，都可以选择以 http：//smart.luming.sina.com.cn/♯/tp/list 为入口，通过灵动产品来实现。

（5）图片标签导流，营销新玩法

　　目前微博图片上线了新功能，对于有营销诉求的企业官 V，也可以通过为图片加标签的方式，将标签内容设置为商品链接，从而打通从种草到拔草的全通路，实现品牌或商品的导流转化。

　　微博的营销转化还有很多种有趣的玩法和打法，借助微博营销工具，结合各自的营销目的，企业在微博上的营销不应只是单一的买卖，而更应该根植于微博的海量用户，深挖每个用户的社会化营销价值以及为企业带来的终身价值，从而实现从流量循环到忠诚循环的营销永动。

8.5　实操附录：怎样使用营销转化工具

8.5.1　怎么使用微卡券

（1）创建微卡券

　　①从微博页面：我—粉丝服务—微卡券—创建卡券，选择免费优惠券或代金券，填写相关信息设置即可（图 8.10）。

　　②需要注意的是：如创建免费优惠券，平台不会收取任何费用；如创建付

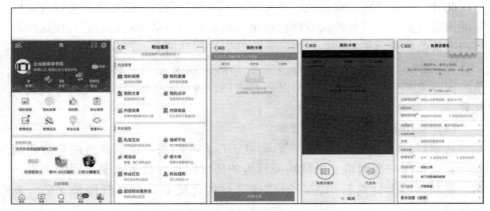

图 8.10　创建微步券步骤

费的代金券，会收取售出金额的 0.6％ 作为手续费。

提交审核的微卡券会在 24 小时内审核完毕并私信告知。如审核通过会自动上线（创建时选择自动上线）或按自定义时间上线（创建时选择自定义时间上线）。

（2）根据不同的营销诉求，配置个性化功能

①设置卡券兑换方式：线下门店扫码或输码核销、线上跳转至指定 App/H5 使用、线上线下均可使用。针对不同的企业，个性设置贴心选择。

②设置是否启用购买后关注商家：商家购买了商业服务包后，购券用户就会默认勾选关注您的发券账号，这种营销工具既能提高账号的影响力和粉丝的关注度，又能吸收挖掘潜在客户。

③设置购买分享微博：可以让购券用户默认勾选转发微博，亦可选择默认文案或者自定义文案后分享，既能提高活动的传播力度，触发联动推广，横向宣传，又能在用户间实现跨圈层传播。

④ 设置多次私信提醒：普通的蓝 V 用户享有设置时间过期前 1 天提醒，商业服务包用户可以在此基础上添加兑换开始提醒和有效期结束前 7 天提醒，设置提醒能提高卡券的兑换率，增加粉丝的互动性。

8.5.2　怎样使用微博橱窗

（1）发布微博橱窗

在微博页面，点击右下角的"＋号"—"商品"—"立即创建"—粘贴商品链接—编辑商品信息—编辑博文—发布。

（2）管理橱窗商品

在"我"—粉丝服务—商业工具—微博橱窗—点击"需要管理的商品"—

进行编辑或删除。

8.5.3　抽奖活动推广工具

抽奖功能是微博平台上最简单、最常见、使用最多的功能，当然也是用户最喜欢参与的微博活动。合理利用微博抽奖，能够帮助企业官 V 高效获取新粉丝，提高互动率，维护粉丝黏性，推广企业品牌。

（1）获取目标粉丝

抽奖工具的一个重要功能是"只有我的粉丝才有资格参与抽奖"，也就是常说的"关注我"功能，企业可以通过设置抽奖条件，来要求参与抽奖的用户先成为官 V 的粉丝，以达到获取目标粉丝的目的。

（2）提高互动率

微博的老客户都知道，抽奖工具的前身是转发抽奖，而"转发"本身就是一个十分高效的互动动作，在抽奖的激励下，用户转发的心理门槛降低，参与热情提高了，继而有效地提升了博文的互动率。

随着抽奖需求的日益增加，微博平台将转发抽奖工具升级为微博抽奖工具，除了传统的转发玩法外，还增加了评论抽奖、点赞抽奖，进一步丰富了企业的运营方式，降低了用户的参与门槛，也更全面地提升了博文的互动量。

以"@华为云"的抽奖微博为例，在进行线下活动推广时，加入了转发抽奖，高效地助力微博的传播，使得单条微博互动近万，成为官 V 当月互动量最高的单条微博。

与转发相比，微博评论区通常会形成一个更为热闹的讨论场，精彩的用户评论往往可以激励更多的用户参与，同时微博不断优化评论区的内容排序和展示方式，如博主点赞置顶、热门评论优先展示等，极大地提升了评论区内容的质量和阅读效率，成为口碑聚合、用户晒单的重要展示途径。

点赞抽奖成为新兴玩法，其重要原因是因为点赞的操作成本远低于转发和评论的成本，对用户而言可以说是"随手可得"，是在短时间内形成大量互动的有效方式。

（3）维护粉丝黏性

越来越多的小编开始给自己运营的蓝 V 赋予人格，与粉丝的互动也越来越人格化，所以在维护粉丝关系时，很多蓝 V 用了"宠粉"这种情意满满的词，那么抽奖作为有效的宠粉工具，可以帮助企业很好地维护粉丝黏性和活跃度。

（4）推广品牌和产品

用蓝 V 在推广品牌或产品的时候，肯定有个大方向，就是希望看到的人越多越好，微博抽奖工具是一个提升曝光的利器，利用这个利器就能让看到推

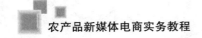

广产品的人更多。

8.5.4 怎样玩转花式抽奖

要完成一个抽奖活动，需要准备好 3 个关键元素——抽奖场景＋抽奖条件＋奖品。

抽奖博文的内容基于营销场景，条件基于营销目标，不同的场景和目标搭配不同的奖品。找到契合的场景、明确营销目标并设置适合的奖品之后，还需要配合微博的广告工具促进流量转化，放大活动的传播效果。

（1）常见的抽奖场景

常见的蓝 V 在微博抽奖场景主要有：新品发布、产品推广、营销活动、节庆、节点活动、蓝 V 联动。当然，抽奖可以很灵活，场景也可以有很多种。

①新品发布：在发布新产品或进行新产品上市造势时，抽奖活动是很好的一种宣传方式，通过把抽奖奖品设置为新产品，能够吸引更多的用户关注和参与活动，进而将新品更好地推广给广大用户。

比如说"@米家 MIJIA"为小米手环 4 新品发布会造势举办的抽奖活动，文案突出产品的卖点，吸引粉丝关注，通过转发抽奖新产品，提高用户的参与兴趣，使得本次活动的互动量高达 1.9 万以上，粉丝纷纷对即将上新的产品表示期待。

②产品推广：转发抽奖除了适用于产品上新时，同样适用于品牌产品的日常推广，通过抽取品牌产品，配合话题或视频、文案等，也能够达到很好的产品品牌推广和涨粉的效果。

比如"@GoPro"发起的带着"GoPro 去旅行"的话题活动，以产品的使用场景"旅行"为主题，通过一段高质量的产品视频，吸引粉丝来@好友参与转发抽奖，扩大了品牌和产品的宣传，使得参与活动的人数高达 2700 以上，达成了很好的种草效果。

③营销活动：在企业官 V 的日常运营中，配合企业的营销活动进行宣传也是很重要的一部分。通过鼓励用户分享参与活动的截图或照片，配合抽奖功能的使用，以及和活动相关的物料（如折扣卡、代金券、活动周边等）为奖品激励，引导更多的用户参与活动。

④节庆、节点活动：作为新媒体运营人，对于"营销日历"都不陌生，在节庆、节点时，企业官 V 都会简单地发布一些节日祝福与粉丝互动，或是结合节日和品牌产品的某一共通点，来发布抽奖活动，这样，既是给老粉丝送福利，也能吸引更多的用户参与，沉淀新粉丝。

很多官 V 都在"六一"儿童节发布了节日祝福，其中@百度以品牌产品——智能音箱，收到的儿童问题为切入角度，引出"儿童节是家庭日"的话题，同时发起转发抽奖，很好地带动了粉丝参与活动的热情，使得本次活动参与量高达 1 万以上，效果远超单纯的节日问候博文。

⑤蓝 V 联动：蓝 V 联动玩法，也是非常适用于抽奖活动的场景。围绕着同一个宣传目的和话题，在企业蓝 V 发布抽奖活动后，企业联合运营的其他兄弟账号进行抽奖奖品的加码，通过多个抽奖活动的叠加，提高了抽奖的吸引力，扩大了活动的传播范围，触达更多的潜在用户。

比如，@饿了么在推出蜂鸟即配品牌时进行的抽奖活动，联合@淘票票、@口碑等众多兄弟账号进行加码抽奖，为活动强势引流，扩大了宣传范围，达成了很好的宣传效果。

（2）可选择的抽奖条件

抽奖工具目前有提供转发抽奖、评论抽奖、点赞抽奖的功能，其中转发抽奖更有利于扩大传播，评论抽奖更有利于聚合口碑，而点赞抽奖极大地降低了参与门槛，提高参与用户的数量。

此外，抽奖工具还提供其他的抽奖条件设置。

①关注我：这是要求用户必须成为账号的粉丝才能参与的抽奖活动。这一条件能很好地帮助账号涨粉，几乎成为所有抽奖活动的标配，同时也是企业的商业服务包中的增值功能。

②@好友：要求转发的同时@1～3 个好友，进一步扩大传播，其中@1 个好友为普通功能，@2 个以上好友为增值功能。

③同时关注：关注自己官 V 的同时，还需要关注另一个账号，同时关注作为一个重要的增值功能，这一玩法经常出现在蓝 V 联动、账号矩阵联动中，另外也出现在一些新账号冷启动的场景中。例如电商类 App 在节日、节点前夕借力达人进行抽奖活动，实现高效涨粉。

（3）常见的奖品设置

蓝 V 在微博抽奖中设置的奖品，常见的主要有品牌新品或产品，明星相关、热点相关的物品及现金。

①抽品牌新品或产品：抽奖奖品设置为品牌新品或产品，能够直观地吸引对产品感兴趣的潜在用户来参与活动，同时以抽奖为噱头，吸引更多的粉丝或潜在用户来了解产品，达成很好的产品推广效果。因此，将品牌新品或产品设置为抽奖奖品是很多蓝 V 的选择。

②抽明星相关的奖品：想要做好微博营销，明星的影响力绝对不能忽视，将抽奖奖品设置为和明星相关的周边，能够更好地吸引明星的粉丝参与，进而扩大二次传播，强势引流吸粉，实现产品和品牌的曝光与推广。

不管是代言人官宣，还是发布和代言人的日常合作动态，将抽奖活动的奖品设置为和明星相关的周边，能够吸引明星粉丝的参与热情，使他们自发成为

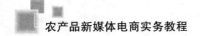

品牌的"自来水"，为品牌宣传造势。

例如，@森马在官宣品牌代言人白宇进行的抽奖活动，抽奖内容为白宇签名的本品牌 T 恤，活动的参与量高达 22 万以上。

即便是一个没有代言人的蓝 V 品牌，也能抽取明星周边。比如，明星的演唱会门票、电影票等，这些都可以作为回馈粉丝的福利，也能用于借势吸引新粉丝。

③抽热点相关的物品：如果开展的活动预算有限，奖品价值不够高，就需要学会巧蹭热点了，每天在微博上频发热点事件，找准角度，设置趣味抽奖，也能取得很好的活动效果。

④抽现金：相对于产品或实物抽奖，现金抽奖的受众更为广泛，更便于品牌吸引潜在用户来参与活动，实现快速涨粉。

如@恒大冰泉在品牌 6 周年之际发布的抽奖活动，既推广了品牌的 618 营销活动，又实现了官 V 的粉丝增长，使得活动的参与人数达到 1.9 万，粉丝增量约 8 000 以上。

（4）扩大活动的传播效果

①进入抽奖热门流：抽奖流就是全部由抽奖微博组成的一个信息流，它的曝光位置在微博—热门流中的抽奖标签页下，因此有着高流量、强曝光的优势。

满足以下条件，就可以申请进入抽奖流，获得强曝光：

所发活动已经设置完定时抽奖；

开奖时间距离当前时间 24 小时以上；

所举办的活动不含有商业营销内容，不得违反《有奖活动管理规范》的条款；

所发活动奖品需为大众化奖品，且最低奖品的总价值不低于 500 元；

对于满足条件的抽奖活动，系统将会推送给后台工作人员审核，审核通过的活动将随机展示在抽奖流里。

②选择适合的 KOL 转发抽奖活动：选择调性相符，影响力大的 KOL，协助创造内容，扩大传播；选择和品牌产品的领域、受众或调性匹配的 KOL 合作，可以高效触达更多的潜在用户。

③粉丝头条扩大博文声量：一个成功的抽奖活动，想要获得高曝光，除了精心筹备的活动方案、奖品外，必然离不开广告的加持。把抽奖活动博文投放至粉丝头条，既能使抽奖活动出现在粉丝微博信息流的第一位，也能使抽奖活动出现在粉丝以外的活跃用户的微博信息流靠前的位置，这种投放方式使得活动的传播量和用户参与量都将大幅提升。

比如，@一加手机在宣传新品发售时发布的抽奖活动，通过粉丝头条的投放，有效地触达粉丝和潜在用户，使得博文阅读量高达 392 万，活动参与量达到 8 000 以上，涨粉短链倒流效果明显高于平时。

（5）营销案例分析

东京奥运会的开幕使得奥运会几乎每天都是热搜榜上的宠儿。微博热搜榜每天都被奥运会的相关热点攻占，同时引发网友们的广泛讨论，仅 7 月 23 日东京奥运会开幕这一天就有好几个相关话题登上热搜，使得东京奥运会开幕式的话题破 5 亿阅读量，东京奥运会的话题阅读量更是高达 236 亿以上。

因为全世界的目光都聚焦在东京奥运会这场全球性的盛会上，赛事本身的高话题量、高曝光度就足够吸引各行业各品牌来"蹭"这波巨大的流量，与运动、健康高度相关的一些品牌，更是其中的热门参与选手。所以，围绕奥运营销，各大品牌可谓是创意百出，参与的方式各不相同。

①蒙牛——让世界看见我们的要强：7 月 24 日，东京奥运会女子十米气步枪决赛中，中国的 00 后、来自清华大学的杨倩不负众望一举夺冠，拿下东京奥运会的首枚金牌。通过西瓜微数对"杨倩"这一关键词的舆情分析发现，在杨倩拿下首枚金牌之后，有众多的博主纷纷发布微博表达对杨倩的肯定，其中不乏人民日报、央视新闻、新华社等官方媒体账号。

杨倩拿下首枚金牌的当天，蒙牛品牌趁热打铁、借势而为，在成都太古里的户外大屏上投放了一段视频，视频描述了一位运动员化身为中国古代神话里的英雄，上演了一出后羿射日的场景。蒙牛借此视频隔空给在日本参赛的中国运动员助威，这一波操作真让人惊奇。

同时，蒙牛还在微博上发布了两幅众神就位打 Call（点赞、加油打气的含义）图。该图集齐了后羿射日、女娲补天、盘古开天辟地、哪吒闹海、夸父逐日等多个中国古代神话传说。与此同时，蒙牛又推出了特别定制的 6 位英雄神话人物的套装产品。在这些套装产品的外包装上，蒙牛结合后羿、夸父、盘古、哪吒、花木兰、齐天大圣这 6 位英雄所具有的神力和特长，让他们分别对应一项运动。夸父对应的是马拉松，花木兰对应的是击剑，齐天大圣对应的是撑竿跳，哪吒则对应的是跳水，盘古对应的是举重，后羿对应的则是射箭。

蒙牛借运动员和神话人物，传达和映射出了中国人骨子里的英雄之魂。无论是神话人物还是运动员，都在用一种被点燃的英雄精神挑战一个个困难，也就是品牌主张中一直倡导的"要强"精神。没有人在场边欢呼，没有人看见艰苦付出，没有人动摇和挣扎。虽然没有人看见，但住在心里的英雄也从不磨灭。铿锵玫瑰尽情绽放，让世界看见我们的要强，为目标拼尽全力，不忘初心，不负梦想。

②韩束——致敬冠军精神：4 月 19 日，在东京奥运会来临之际，韩束在微博上宣布与中国游泳队签订合作，官宣成为中国游泳队官方合作伙伴。随

后，韩束品牌又联合新世相发布了品牌态度短片《每一刻冠军》，继续将热度发酵，使品牌态度深入人心。宣传片邀请了中国游泳队队员徐嘉余、叶诗文、张雨霏等人出镜，讲述了中国游泳队背后的故事。短片中除了致敬冠军精神，鼓励每一个普通人追梦之外，还特别邀请了淘宝主播李佳琦在短片中作为讲述人亮相，并在短片最后发布了新品"韩束情绪小胶囊面膜"。

在短片发布的当天，官方媒体、自媒体大 V 纷纷转发，助推话题登上微博热搜，并收获了 1.4 亿阅读量。除此之外，韩束还官宣了与李佳琦深度合作的新品直播，韩束品牌的这一系列动作，不仅扩大了品牌的关注度，增强了品牌在消费者心中的好感度，同时也促进消费者购买产品，增加产品的销量。

韩束发布的品牌态度短片微博底下的评论热词都是与中国游泳队息息相关的，例如中国、游泳队、加油等等。同时热门评论也都是对中国游泳队的赞赏及鼓励，体现出消费者对韩束和中国游泳队合作的欣喜之情。

除了发布品牌态度短片外，韩束品牌作为中国国家游泳队官方合作伙伴，更是邀请到了国货教父葛文耀、复旦大学副院长孙一民、时尚主播李佳琦、上美集团副总裁刘明等行业大咖，倾情讲述自己的辉煌时刻，致敬冠军精神。

③自然堂——自然而"燃"："有人说，女运动员不好看？"近日，护肤品牌自然堂携手 9 名女性运动员在微博上发布了一条短视频《自然而"燃"》，就女性运动员的多元美话题展开讨论。

自然堂作为一个护肤品牌，其受众人群以女性为主，这些受众女性占比最大的是 18～25 岁的年轻群体。随着女性意识的崛起，越来越多的人开始关注女性话题，"她力量"也在逐渐被人重视。所以，自然堂联合 9 名女性运动员发布短视频是一个非常正确的选择。

跳跃、奔跑、挥拍、出拳等挥洒汗水的运动赛场，是永不言败的战场，亦是她们展现美的舞台。自信、拼搏、勇敢、坚持，在她们的身上将女性之美体现得如此多面。美，从不只是表面；美，经过历练更加耀眼。

该短片以女性运动员在训练中形成的轮廓清晰的下颌线、充沛的苹果肌、优雅从容的气度有力地反驳了外界对女运动员"美"的质疑，意在向人们提倡：自然即为美，自然的美能够绽放出最美的光彩。

短片最后，自然堂品牌还将原本的口号"你本来就很美"中的"你"改为"我"，体现出自然堂品牌对于女性自我意识的重视，在女性力量不断崛起的今天与消费者产生更加深切的情感共鸣。

短视频上线后，自然堂官方微博同步发起"运动员不美吗？吴敏霞发声"微博话题，迅速引发网友讨论，最终收获 1.1 亿阅读量，为品牌带来了不小的声量。

8.6　微博大 V 加强合作

在微博上，不管是新产品的推广还是品牌的营销活动，都希望能够触达更多的用户，使产品被更多的用户所喜爱和种草，策划的活动有更多的用户参与和传播。但在活动过程中，会遇到这样的难点：虽然精心策划了活动方案，实际参与活动、与企业进行互动的用户却很少，对产品、品牌感兴趣的用户更少。

遇到此类问题的企业很多，要吸引更多用户参与活动，要能让粉丝种草自己的产品，实现营销转化就要为品牌赢得更多粉丝，提高粉丝的好感度和认同度。

8.6.1　什么是 KOL 营销？

KOL 作为各个领域中的意见领袖，他们有的人凭着优秀的创作能力，吸引了大批活跃粉丝，如@Papi 酱、@回忆专用小马甲；有的人凭借行业内深厚的专业积累，在某专业领域内有着很大的公信力和影响力，如营养师领域的@营养师顾中、生物领域的@开水族馆的生物男。

微博特有的兴趣强和公开传播的特质，使微博成为 KOL 的成长摇篮，有着 60 个细分的垂直兴趣领域，70 万的头部大 V，他们在各自的领域中贡献着优质内容，进而沉淀了大批的粉丝。

通过和 KOL 的合作，品牌能够利用 KOL 对粉丝的影响力，轻松地打破消费者的心理壁垒，实现产品种草，而 KOL 巨大的粉丝基数，也能为品牌获得更多的曝光，实现品牌营销。

比如，@新辣道的"新辣道全网寻鱼"活动，通过投放地域性 KOL@吃喝玩乐在北京，收获的互动比蓝 V 自己发布的活动博文高出 200 倍，为线下到进店活动强势引流。

8.6.2　企业如何合作 KOL——KOL 直发

KOL 和品牌的合作形式多种多样，能够满足品牌主的需求。KOL 直发是一种常见且高效的合作形式，KOL 的特性不同，推广的方式也多样化。

（1）利用 KOL 的专业性

一些用户、受众较为垂直的企业品牌，可以选择和品牌行业领域相符的 KOL，利用 KOL 的专业性讲解和剖析，对品牌或产品做推广，能够放大品牌优势，更好地呈现品牌特质，不论是文案、组图或是开箱视频，实现轻松种草。

（2）利用 KOL 的公信力

作为产品用户、受众较为广泛的企业，在选择合作的 KOL 时，可以选择具有较大公信力的 KOL，他们可能并不是单一垂直领域的大 V，但对粉丝有较大的影响力。通过他们的公信力背书，让粉丝对于品牌和产品的接受度会更高、更容易。

比如，@科普君 XueShu 雪树为@RootSense 根元发布的这条推广博文，通过@科普君 XueShu 雪树的推荐，分享了自己对产品的使用感受和产品的讲解，通过科普博主的公信力和影响力背书，使互动量达到 1 400 以上，粉丝纷纷在留言区回复种草评论，引发了一波粉丝对产品的讨论热度。

（3）利用 KOL 的创造力

有一类 KOL 的原创内容新奇有趣，积累了大批粉丝。和这类 KOL 合作，能够结合他们的账号特性（如段子手属性等），通过 KOL 独特的创造力，创作出独特的产品推广博文，来吸引用户的兴趣和传播。

比如，@ALDI 奥乐齐与@天才小熊猫的合作推广，维持天才小熊猫一贯的长图小故事形式和逗比风格，因推广内容有趣自然，在粉丝间广泛传播，博文互动量高达 8.9 万以上，不少粉丝到品牌店铺咨询下单，轻松实现引流到店。

（4）转发抽奖

转发抽奖一直是微博上用户参与度最高的活动方式，在和 KOL 合作时，借助 KOL 的广大的粉丝基数，转发抽奖并推广品牌活动相关的产品，能够达成很好的宣传效果，提高粉丝的参与度。

比如，美食博主@办公室小野为@网易考拉官方微博"小龙虾攻陷网易大楼"的主题活动发布的转发抽奖，以活动主题的小龙虾为抽奖奖品，使 KOL 的博文互动量高达 4.5 万以上，提高了活动的传播效果及参与人数。

8.6.3 企业如何合作 KOL——KOL 转发

（1）品牌互动

精心策划的活动终于上线了，怎样能够扩大传播，有效地触达更多的目标用户呢？如果活动预热的时间有限，来不及和 KOL 磨合更复杂的推广方案，那么筛选专业领域和品牌目标客户较为匹配的 KOL，使 KOL 和品牌的转发互动也能达成品牌的营销目的。

博文下的 KOL 粉丝纷纷留言关注，进一步提高了活动的引流转化。

（2）助力转发抽奖

KOL 转发企业发布的抽奖活动，能够直观地为企业的活动扩大传播声量，提高活动参与量。

比如，@支付宝的锦鲤活动中，@白菜、@白菜省钱君、@锦鲤大王等 7.7 万 KOL 纷纷参与此次活动的转发，覆盖人次达 13.77 亿，有效提高了传播声量。

8.6.4　企业如何合作 KOL——帮上头条

选择了合适的 KOL，确定了推广形式，当 KOL 发布了博文后，不要忘记为合作的 KOL 进行帮上头条的投放，进一步放大 KOL 的影响力势能，扩大传播效果，将这条博文推广给 KOL 的更多粉丝。

帮上头条的投放步骤简单易操作，如图 8.11 所示：第一步选择 KOL 为品牌发布的博文，点击右上角按钮，选择帮上头条；第二步，在帮上头条页面，可以为这条博文设置 24 小时、48 小时、72 小时的推广时长。

图 8.11　帮上头条界面

8.6.5　微博 KOL 常见的合作形式——广告投放借力 KOL

除了联系 KOL 推广外，如果预算有限，或者无法及时联系到目标 KOL 合作时，在日常的广告投放中，品牌也能借助 KOL 的影响力。

（1）超级粉丝通投放

超级粉丝通能够通过多维传播，精准定向目标用户，帮助品牌获得海量触

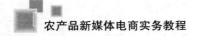

达。在投放超级粉丝通时，除了可以圈定广告投放的用户的基础属性、用户环境、用户标签等信息，还可以圈定投放用户的社交图谱。也就是说可以找到与品牌领域、受众重叠的 KOL，通过指定投放这些 KOL 账号相似的粉丝，来获得更精准的曝光和更高效的转化。

（2）粉丝头条投放

想要触达更多的品牌潜在用户，在投放粉丝头条时，可以通过设置"指定账号粉丝的相似用户"，投放与目标受众相符的大 KOL，来达成目标用户的精准触达。

8.6.6 在哪里能找到 KOL

微博平台的 KOL 资源广泛，但很多小伙伴们并不清楚通过什么渠道来获取意向 KOL。为了要高效地找到合作 KOL，可以从 4 个方面入手。

（1）微任务

微任务是新浪唯一的官方微博任务平台。企业可以授权"微任务"应用并通过发布任务的形式，选择 KOL 账号进行商业有偿信息的微博原发或转发。

KOL 接受任务后，微任务平台将以微博账号的身份在任务指定时间发布企业的任务微博。

（2）发现页"找人"

如果品牌方不知道微博上有哪些 KOL，可以通过微博移动端发现页的找人功能"找人"，这里汇总了微博平台上所有的 KOL 名单，可以协助找到符合品牌调性和推广需求的 KOL。

（3）Social Agency

品牌企业可联系自己的广告代理机构（Social Agency），要求代为沟通合作的 KOL，广告代理机构手中可能有经验累积的历史数据，供客户参考。

8.6.7 怎样选择合适的 KOL

（1）设定 KOL 合作的营销目标

微博上的 KOL 大致可以分为专业领域和泛领域两种类型。企业在选择与 KOL 合作前明确本次合作的目标十分重要，如果目标是精准营销，可以选择与品牌行业符合的垂直领域的 KOL；如果是扩大品牌声量，这时候就可以选择泛领域的 KOL，如视频博主、段子手等。根据合作目标有的放矢设计合作方案。

（2）选择适合的 KOL

目前微博上有 60 个垂直领域，KOL 账号高达 70 万个。品牌方要选择最适合自己、品效更高的 KOL 可以从以下几点做评估。

①KOL 的粉丝量级：不同粉丝量级的 KOL 有着不同的报价，在选择时应综合投放目标和预算的情况，考虑 KOL 粉丝真正的购买力，不要一味追求高粉丝量级的 KOL。

② KOL 的受众领域：每个 KOL 都有自己细分的领域，KOL 对于粉丝的营销更趋于理性，在垂直领放时应考虑 KOL 的细分领域是否与品牌方企业的目标人群相匹配。

③ KOL 的有效触达：KOL 的行业日益发展壮大，相同量级的 KOL 都可能有着不同的互动效率，在选择 KOL 投放时也应该关注他们的阅读量、转评赞等。

（3）与 KOL 合作的注意事项

在与 KOL 的合作过程中，也应注意以下几点：

第一，选择合适的 KOL 同时要避免过度营销。与 KOL 的合作推广在精不在多，过多的刷屏式推广或与品牌领域不相符的 KOL 合作，容易引起用户的反感，对品牌的宣传和转化起到反作用。例如，@M-Teeth 萌牙家与行业相符的牙医 KOL 合作，产品推广效果较好，评论区正向反馈；但要避免短时间内投放粉丝大面积重叠的 KOL，这样容易引起刷屏导致用户反感。

第二，做好活动规划，留出协调 KOL 档期的时间，确保能够接洽到最适合品牌推广的 KOL。

第三，做好借势，搭车时下的热门话题、热点事件等，能使活动的传播效果更佳。

第四，为合作的 KOL 博文投放粉丝头条等广告，扩大博文的推广效果，提高博文的阅读量。

8.7　微博如何引爆新品上市

随着互联网行业的发展，微博客户端的用户越来越多。根据最新的财报显示，微博的日活跃用户已经超过 2 亿。企业如何获得更多的流量，如何吸引更多的用户关注，进而达成品牌和产品的推广宣传，成为企业微博运营人最关心的问题。

无论是在大小热点事件中，反应奇快、角度有趣的出色蹭热点营销，还是中小企业每逢节日节点带相关话题发微博，蹭热点是微博企业蓝 V 很普遍的玩法。同样是蹭热点，有些官 V 能够为账号吸引到更多用户的关注和喜爱，扩大了品牌宣传；有些却并不能触动粉丝的心，甚至引起"群嘲"等负面的评论，所以要掌握好企业账号怎样才能优雅地蹭热点，并达成很好的宣传效果。

8.7.1　为什么企业要蹭热点

企业蹭热点的玩法由来已久，从中国各大传统节日热点，到 iPhone 发布会等人们关注的社会热点事件，在能够获得社会关注的正向事件中都可以看到企业伴随着热点事件的营销。

企业蹭热度就是通过蹭热点使企业账号获取更多的流量和关注。

一般企业官 V 不论是原创还是蹭热点，在微博上发布的每一条微博都不是无的放矢。通过持续的账号运营，应打造出契合品牌风格的品牌账号形象，即在互联网上打造了属于自己的品牌记忆点。而蹭热点的做法正是很好地借用了其他热点事件的热度和流量，向用户表达各自品牌独特的调性和风格。

热点事件多是受到大众关注和讨论的事件，往往会在平台上形成海量用户讨论和关注的话题，在这些热点事件中进行营销可以事半功倍，企业通过结合热点事件营销，可以将关注该热点事件人群的注意力引流到各自的营销活动中来，从而获得很好的曝光和营销效果。

从微博的产品机制上而言，热门事件的形成和两个产品紧密相关，一个是话题一个是热搜榜单。当热门事件的热度攀升到一定程度，就会呈现在热搜榜单之上。而点开热搜榜单就会发现这是由一个又一个的话题组成的。根据话题产品的规则，带话题发微博即可加入到话题流中。因此，企业的博文如果带热点事件时，该博文也可以加入到热搜榜的话题流中，从而获得海量的流量。

要注意，根据话题规则，带话题的博文内容要与话题本身一致，因此，企业在做营销蹭热点时，要结合话题本身来借力营销。

8.7.2　企业如何蹭热点

从明星结婚到节日节庆，微博平台上几乎每周都会有热点事件发生。面对这么多热点，企业应该如何优雅地蹭热点呢？

（1）借势营销

企业可以借用热点事件来借势营销。借势营销主要有三种方式：借力明星热度、借力其他企业热点活动、借势节日热点。

①借势明星热点：明星作为微博上主要热点内容的来源，各大明星的日常经常占据了微博热搜榜单。企业为了获取流量，可以借力明星的热点，通过吸引明星粉丝群体的方式去获得更多的关注和博文曝光。借力明星的玩法分突发正向事件、明星常规节点两种。

突发正向事件是指社会大众提前没有预料到的、突发的和明星相关的正向事件。该类事件一般为明星突发官宣结婚、订婚、恋爱，事件热度短时间内被微博用户议论而快速登上热搜榜单的热点事件。企业遇到该种热点事件时是无准备的，但是作为热点事件拥有着大量的流量，企业可以通过祝福加转发抽奖的方式，带热搜话题词发布蹭热点博文，从而蹭到该类事件的热度。两个要点需要注意。

一是带准确的热搜话题词。该类事件往往会催生出多个话题词，企业要甄选出热度最高，最合适自己企业调性的话题词。带话题词可以将该热门话题的流量分流至该条博文中，对博文进行曝光。

二是博文使用转发抽奖来吸引用户互动。企业在博文中带话题词发布后，短时间内会有海量用户通过话题浏览到该博文，要将海量的浏览量转化为互动，可使用转发抽奖玩法，使博文除了高额的阅读量也可获得高额的互动。

②借力其他企业热点活动：企业蓝 V 联动是企业特殊的玩法。参与的企业通过相互转发或评论区转发的形式将自己的官微曝光给其他官微的粉丝，从而获得互动和关注。所以，企业可以参加蓝 V 联动，和其他的企业合作来获得流量。比如，企业@天猫发言人发布天选招财猫活动，迎来众多企业在评论区以祝福的形式蹭取热点，并获得高额的互动。

（2）借势节日热点

合适的品牌借助合适的节日，在合适的时间进行合适的宣传，结合合适的落地推广组合，才能达到很好的营销效果。企业在准备借势时可以考虑从以下几点入手。

第一，要敏锐把握可以借势的节日，考虑、挖掘节日与品牌产品的关联性。

第二，策划与节日主体相关的活动。除了巧妙的宣传博文，在节日当天结合节日特性策划活动，也能够吸引用户的互动和参与意愿，达成很好的营销效果。比如，@天猫在元宵节时发起的猜灯谜有奖活动，通过趣味性的猜灯谜活动，将谜底设置成和产品相关的"清空购物车"，引发大量网友的评论和互动，获得了很好的传播和反馈。

第三，结合节日特性，寻找用户的节日情感共鸣。由于节日时间的固定性和可预估性，对于企业官 V 的运营来说，有着更充裕的时间进行活动的策划和物料的准备。因此，想要借势节日热点并达成一定的传播效果时，不要再单调地发一条节日祝福，而是要能够真正打动用户的心，戳中粉丝的痒点。

（3）顺势营销

微博平台自身有众多热点信息，企业可以顺势而为，紧跟微博平台热门进行营销。

①平台爆款事件：从新年节日到世界杯比赛，从苹果发布会到发布第一张黑洞照片，微博平台上充斥着众多的爆款事件，事件的多流量可以引起整个社会的讨论和关注。作为企业官微，合理地顺势而为、加入事件讨论是重要的营

销机会。比如，企业账号@肛泰在黑洞照片发布时，将爆款事件和自己产品相结合，蹭取热点，获得互动超过 5 000 人次。

②平台热搜榜单：微博热搜榜单是众多微博用户每天都会关注的页面，也是微博流量非常大的聚合页。一个事件是否火热，要看他有没有上热搜榜。由于热搜榜单上事件的热度大，用户关注较多，蹭热搜榜单上话题的热度是企业日常可以顺势营销的方式。比如，@知乎在知乎平台上发表了一篇关于奶茶的科普文章，获得了较高的关注度和用户讨论。

在微博上，热点事件就像不断涌现的浪花，作为企业官 V，想要立在风口浪尖做微博的弄潮儿，不论选择怎样的方式，蹭热点只是获取更多流量的一种高效途径，而运营则应始终以建立独特的品牌调性为主旨，打造出属于品牌独有的风格和记忆点。

第 9 章　社群营销

做社群其实也就是做用户，由于企业获得用户的成本越来越高，用户黏性越来越低，所以获取用户的难度越来越大，因此，社群应运而生，成为企业获取优质用户、增加用户黏性的重要渠道。社群能更加直观地与用户交流，了解用户需求，与用户建立长期稳定的联系，提高产品的转化率。

9.1　企业微信群营销

9.1.1　建立企业微信社群

（1）确定项目组成员

微信社群也是一个组织，有群主、群管理、核心参与成员或意见领袖、合作伙伴、付费用户等多个角色，各自分工不同。

①群主：群主是社群的灵魂人物。作为社群的主心骨，群主对社群的目标和任务非常清晰，能确定社群的发展方向。主要负责运营社群，扩大社群规模，提高社群成员凝聚力，延长社群的生命周期。

②群管理：协助群主一起管理及运营社群。群管理的主要作用是管理社群、维护社群秩序，监督社群成员对任务目标的执行，实时与社群成员进行交流互动，建立情感上的联系，提高社群的活跃度。

③社群的核心参与成员或意见领袖：一般是在社群活跃度比较高对一些事情有自己独到的见解的人，经常帮助管理员维持社群秩序，提高社群活跃度，在社群中有一定的影响力，在社群中的知名度也比较高。同时，群内成员有问题也会向核心成员请教咨询。

④合作伙伴：以社群的合作者身份加入社群，是社群与社群之间沟通的桥梁，他们可以扩大社群的传播范围，提高社群的知名度，能在一定程度上促进社群的发展。

⑤付费用户：这部分成员是通过缴纳一定的费用加入社群的，一方面能为社群的发展提供资金支持，同时也都会积极参与到社群的活动中，在一定程度上也保障了社群的活跃性。

从整体上来看，社群的核心参与者或意见领袖离开社群，会对社群造成一定的影响。对社群的群主和管理者来说，一定要通过各种方式，多与成员互动交流，才能留住社群成员，尤其是核心成员和意见领袖。

（2）明确社群定位

①为什么要进行定位：首先，社群没有定位，加入的人员成分就比较混乱。定位社群的服务人员要注意重视细分市场，建立细分社群，使服务做到小而美。在简单的框架下，提供给粉丝的应该是小而美的便利化服务，服务要少而精，着眼于目标人群，提升内容的专业程度，不要把产品和服务做得又大又乱。其次是找到自身的优势。自身具备什么优点，能够帮助用户解决什么问题等都是精准定位社群的前提和基本条件。

②怎样定位社群：一是产品型社群。如锤子手机等产品社群，有着实体经营的产品，但又颠覆传统的产品销售方式，利用线上社群的影响力和传播力，充分激发粉丝的参与度和活跃度，最终带来线下销售的奇迹。二是品牌型社群。产品型社群发展到一定阶段时，消费者对产品的热衷逐步转向对品牌的认同。基于品牌产生品牌文化，由此形成品牌社群。品牌社群更多是建立在情感基础上，产品是单一指向，品牌是个大概念。比如，小米从手机出发，后来演变出"高性价比产品"的价值认同，人们想买空气净化器先想到小米，想买电饭煲也会想到小米，由单点出发，覆盖用户的所有家用电器，品牌的价值被大大的体现出来。三是兴趣型社群。这是基于兴趣而创建的社群，通过虚拟网络，由具有共同兴趣的参与者组成。由于需求的个性化和兴趣的多元化，因此，兴趣型社群种类繁多，各有各的优势，如科技创业类社群 36 氪、美食类社群大众点评、时尚消费类社群美丽说等。无论是哪种兴趣型社群，都蕴含着巨大的商业价值，值得企业和商家挖掘。四是知识型社群。这是以学习知识为主要动机的社群，它提供高质量的文字、视频、分享会、课程、参观等形式的知识内容。在知识爆炸的时代，分享知识内容是件很容易的事情，在知识型社群中，务必保证分享的知识内容具有高质量的特点，没有质量的知识内容是无法提升社群的黏性。

（3）聚集目标受众

①建群方式：线上引流、线下招募。

②群成员来源：制作宣传海报，在用户集中的社群、贴吧、论坛，比如知乎、简书、豆瓣等发布。群二维码可以设置为个人二维码，方便对成员的审核，也可以避免超过 100 人无法进入的问题。

③自媒体引流：通过软件曝光。比如今日头条、大鱼号等。

还有公司原有粉丝倒流、公众号倒流、地推、电梯间广告等。

9.1.2　做好群内容建设

有些群的内容建设不完善，输出价值不够主要存在两个问题：一是，重复推送鸡汤信息；二是缺乏日常互动，硬推项目信息。做好群内容建设的关键是在互动和与预期利益的基础上建立信任感。

①自由沟通：线上聊天不用刻意围绕某项目，应是先建立信任感。比如，闲聊关于农产品、金融理财、创业、生活等，中间可以软性植入某项目，但要尽量减少直接推送。

②发信息：每天早晚发一条正能量信息（切忌重复推送）。

③定期发红包：红包是最好的群活跃工具，尤其在推项目的时候，或者请别人转发信息的时候。

④定期分享：定期组织线上分享会，增加群成员对本群的归属感，分享会主题不限，可提前预告。

⑤定期线下活动：线上的社群关系是属于弱关系，线下活动才能让社群的用户真正联系起来，让成员真正感受到团体的存在。线下活动的形式可以是讲座、主题交流会、产品体验会等，活动让大家能接受即可，不必太拘泥于活动形式。

⑥做好内容维护：当有人发广告时及时群规提醒，按规则进行处理，处理完通知群友处理的结果。

⑦建立淘汰制度：定期淘汰不参与互动的人，邀请新人，注入新鲜血液。

⑧合理利用@所有人：系统性介绍（项目背景、利益、联系人等信息）某项目，避免零散重复多次出现，引起群成员反感。

⑨以咨询回复的方式介绍项目：让公司人员在群内配合咨询，可事先模拟设定好相应话术，通过营造气氛引发其他群友兴趣。

⑩群内容的推送形式：纯文字（尽量不要霸屏，简单突出重点）；图文形式（适合手机端浏览的竖屏图片）；公众号文章（注意公众号排版美观，发文章前带上推荐语）。

9.1.3　微信社群的运营技巧

（1）四感运营

①仪式感：社群是一个团体，为了维持社群的良好秩序，需要指定一些规则。比如，新成员加入的规则，首先需要填写个人信息表，入群后管理员在群里向其推送群规信息；然后做新人介绍，其他人有迎新活动，这样让新加入的成员有一种被大家重视的感觉。

当然，根据自己社群特有的属性，还可以去设计其他的仪式。

②参与感：社群运营能够输出高质量的内容是至关重要的，还需要多组织讨论，分享社群学习和成长的感受，以保障群内有话题可说，有事可做，做有收获的社群组织。

③组织感：社群要正常运行，成员必须有组织性，否则就是一团糟。比如，通过对某主题事件，大家可以分工协作完成。

④归属感：从某种角度来说，归属感是社群存在的灵魂，只有社群成员认同社群文化，选择相信社群，并且确实能够体会到自己就是社群中的一员，才能保证社群良性发展下去。除了线上的交流外，也可以组织线下活动相互帮助等。

（2）日常活动策划

①线上内容分享会：常见的组织方式就是由群主提前协调群员，每周规划1～2个主题，邀请不同群员或者外来大咖分享，用1～2个小时一起交流讨论，这样就有了"集体创作"的感觉。同时，固定的分享会让群员产生一种身份认同感，找到自我存在的价值，而这种价值感会催化出更多良性的化学反应。

②红包接龙赛：由群主发送一个随机红包，抢到红包金额最高的人继续发红包，连续3轮之后终止，这样可以增加群员间的乐趣，活跃气氛，同时还可以让不参与互动的群员一起参与。

③签到打卡：一个健身的社群，大家每天互相监督是否认真完成训练，就要求每个群员在晚上9时之前，上传3张自己当天健身的照片，然后大家一起评论交流。微信群签到打卡一方面是可以增加群员的归属感，另一方面是可以增加群员互相的认同感和自身的存在感。

④有奖征集：比如征集广告语、吉祥物、征文、宣传语等，就是让群员的智慧为我所用，配合上奖品就会如虎添翼，更增加了群员的参与感。

⑤线下活动：讲座、分享、见面会、这些都算线下活动。场地、嘉宾、宣传、签到、茶歇、互动等都是组织线下活动需要考虑的内容。

组织任何一场活动除了需要资源、资金和流程化运作外，还需要执行流程。包括策划期、筹备期、宣传期、进行期、复盘期5个阶段。（图9.1）。

第一，策划期的注意事项：要认真编写策划书。为了把控全局整场活动，做到心中不乱，需认真准备一份完整、清晰的策划方案。策划书包括的内容主要有：团队名单、工作权责与任务分配，活动名称或活动基调，活动主题、目的、日期、地点、参与人员，人数、分享嘉宾、活动环节，重要时间节点的安排，物料、场地、嘉宾安排、宣传方式与报名，费用说明，奖品设置，合影及后续推广安排，进度图（流程表）等。

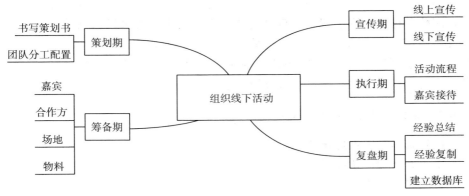

图 9.1　线下活动阶段

第二，筹备期的注意事项：确定分享嘉宾，成立嘉宾群，确定活动大致框架，活动微信群成立，书写线上讨论策划案，物料和礼品方案，场地及收费标准，建立活动群以及志愿者群等。

第三，宣传期的注意事项：提交海报内容和活动文案，公众号正式宣传，报名截止，微博推送，邀请媒体参加活动，增加后续报道等。

第四，执行期的注意事项：报名成功者发放邀请函，报名人数超过 20 人开始招募活动志愿者，与主持人对接活动流程，召开小组第二次线上会议，动员群众自我介绍，确认邀请函的发送结果，短信群发活动注意事项及通知，会场布置，活动正式开始。

第五，复盘期的注意事项：活动反馈，寄送奖品，内部复盘会议，总结复盘和资料归档等。

⑥团队分工配置：以常见的沙龙形式的线下活动分工为例（可以根据实际进行删减）：一是外联组；二是场地管理。需要筛选符合活动要求的场地；场地洽谈预约，建立场地资料库；场地设备确认及现场资料管理（投影或话筒）。三是邀约嘉宾。需要嘉宾邀约，向嘉宾介绍社群（统一对外文案，确定分享主题与时间）；在各环节与嘉宾及时沟通；确定嘉宾分享文稿与 PPT（演示文稿软件）。四是活动支持组。五是引导签到。需要现场签到或个人信息采集；引导人员入场；发放入场前的物料。六是 PPT 播放。需要负责现场设备；与主持人和嘉宾沟通播放要求。七是摄影师。需要拍摄活动过程中有代表性的环节；过程录像；活动结束后的合影。八是主持人。需要介绍活动主办方、活动主题、嘉宾；掌控活动流程；活跃现场氛围。

⑦线上工作组：一是统筹。需要负责线下活动的宏观方向；开拓资源；活动方案的制定与把控；统筹安排活动。二是群管理。需要接待活动的参与人员（答疑、告知时间、地点等）；收集群成员意见并反馈给统筹（期待分享主题或

活动建议)。三是推广。需要线上团队进行群、微信公众号、微博、网站等宣传；团队名称和关键字搜索，排名优化；嘉宾线上资源推广，微博、公众号、朋友圈等宣传；活动结束后的二次微博、微信等新媒体传播分享。四是复盘总结。需要整理参与成员、嘉宾的反馈和总结；组织团队成员对整场活动进行复盘，完善最初的方案；输出复盘报告。

9.1.4　企业微信社群的价值实现

（1）培养品牌铁杆粉丝

①培养认知：从社群建立初期就在群内融合品牌文化、故事、内涵，让消费者对品牌有初步的认识。

②精准用户：对群友的认知一定要准确，大而全不适合现在的形式。精准受众才是需要培养的群友。

③持续品牌输出：抓住机会进行品牌宣传。在没有大规模的群内活动时，小规模群内讨论也有必要。

④强调品牌特色：抓住品牌特色，最好与竞争对手的产品有区别。要持续宣传日常输出，鼓励交流，长期作战。

（2）产品推广趣味化

针对某一主题展开场景化群内讨论，设计"群演"互相配合，寻找噱头、树立典型，建立品牌和群友的共性，站在行业角度强势干货输出。

9.2　企业微博群营销

微博群即微博的群组，能够以某一领域或者某一人物来聚合相同爱好或者相同标签的朋友，将所有与之对应的话题都聚拢在微博群里，让志趣相投的人以微博的形式更加方便地进行参与和交流。

企业微博群则是以企业为核心，围绕粉丝而开展运营。围绕粉丝运营首先需要拉近企业与粉丝的距离，然后通过群组的方式聚合粉丝，让粉丝在群组内开展交流。打造企业微博群是一个粉丝积累的过程。

9.2.1　利用私信工具进行获客转化

在蓝 V 运营的私信回复场景中，近 9 成私信量是蓝 V 发给还不是自己粉丝的用户。其中被关注自动回复和私信自动回复两个工具是蓝 V 常用的，用得好能起到引流、提高粉丝留存的效果，但目前大多数蓝 V 的被关注自动回复还只是"欢迎关注"、"稍等小编马上就来"字样，其实是对两个私信自动回复工具的浪费。

在设置自动回复工具之前，首先要想到粉丝在关注蓝 V 的时候想获得的信息是什么，粉丝在私信蓝 V 的时候想要得到的反馈是什么。这种自动回复的内容是根据粉丝的心理预期去设置的。

（1）关注自动回复

当新用户关注一个企业蓝 V 之后，收到的私信相当于企业第一次和用户"打招呼"，很容易吸引粉丝的注意力，如果打招呼的内容对用户很有价值，企业就给粉丝留下了很好的第一印象，为后续粉丝的留存和转化奠定基础。

同样，一个新粉丝关注 ViaX 科研教育的时候，会收到丰富的资料包，可在粉丝关注后的第一时间让其知道蓝 V 账号能给自己带来什么价值，很大程度上能提高粉丝的留存率，同时官 V 也能够根据粉丝的回复，初步判断粉丝的专业或兴趣领域，为后续精细化运营提供参考。

（2）私信自动回复

私信自动回复也是同样的道理，蓝 V 运营人在设置私信自动回复时，也要思考粉丝在与蓝 V 的运营取得联系时，最希望得到什么回复。

学而思网校对用户私信的判断是用户可能是想了解课程，所以学而思网校就把自己比较有代表性的课程放在了私信内。

考虫则考虑得更全面，将用户在主动私信的时候可能希望得到的几种信息都列出来了。

（3）主动私信

触发蓝 V 主动私信用户的场景主要有两个：一是用户直接发布博文或评论@企业；二是用户对企业发布博文的转评赞互动。

当用户发生转赞评互动后，企业可根据博文内容，判断用户是否可能对公司产品感兴趣，然后将发生互动的用户标记成潜在客户，进而引发主动私信并询问意向。

要注意，这种玩法可能超出用户与企业互动后的心理预期，务必先判断用户是否需要进一步的私信信息，否则容易因为过度营销引起用户反感，反而达不到营销效果。

9.2.2　通过互动提高粉丝黏性

通常把转、赞、评叫作"被互动"。评价一个蓝 V 的粉丝是否活跃，最简单的方法就是看这个蓝 V 近期的"被互动"数，很多企业的小编自身也背负着被互动数据的 KPI，管理好这样的"被互动"就显得很重要。蓝 V 提升被互动数据需要通过转发抽奖工具提高转发互动；通过投票工具提高点赞数据；通过引导互动的博文提高评论数据。

投票工具是微博近期新开放的功能。粉丝点击投票后，票数会默认加在点赞的数量之内。

要想有很好看的评论数据，就要想想，一条微博发出去，粉丝为什么要为其进行评论？一定是因为粉丝对微博的内容感兴趣。蓝 V 在发微博的时候要引导粉丝参与评论互动，需要根据博文的内容给粉丝留下讨论的开口。

注意，博文的内容一定要符合自己蓝 V 的定位，不能为了增加互动什么内容都发。

有人主动发微博并且@蓝 V 时，是个很复杂的情况，这种情况可能是投诉，也可能是用户的反馈晒单。

对投诉，需要蓝 V 认真、及时处理，因为无法删除或编辑别人的微博，却可以对微博进行评论，在评论区第一时间给出反馈，根据实际情况对用户进行安抚、解释、引导等，虽然负面内容无法改变，但即时响应的态度也给后续处理留出了很大的余地。

用户自行发微博尤其是@蓝 V 的正向反馈、晒单类的微博，是很难得的营销机会，身为蓝 V 一定要做到对此类微博的及时评论，必要时给予转发。要做到：

第一，把握好难得的营销机会。

第二，主动奖励晒单、反馈的用户，可以主动奖励发微博晒单、反馈的用户，通过销售告知用户不管什么途径，在微博发反馈、晒单并且@蓝 V 可以得到奖励。如果反馈的量上来了，就会给蓝 V 的粉丝增长和舆情的控制带来很大的正面影响。

第三，及时回复认真反馈的用户，看到很认真发反馈、晒单的用户，蓝 V 一定要及时关注这个用户的微博账号，因为用户会这么认真地反馈自己的产品，一定是对产品很满意。做好回关会让用户产生信任的态度。

互动是个很细致的工作，不可忽略；处理私信时要从用户的角度出发，猜测用户的意图，根据用户的意愿做好私信预埋（即两个私信自动回复工具的预设）。针对@蓝 V 的互动要格外用心处理，同时也可以引导用户完成主动发微博@蓝 V 进行反馈和晒单。

企业蓝 V 在日常的互动中，积累了一定的粉丝量，但他们的互动不一定是良性的，也难免会收到粉丝的负面反馈，如何应对粉丝的负面反馈也是要学习的内容。

9.2.3 为什么要重视粉丝的负面反馈？

用户的负面反馈对企业官 V 意味着除了负面的舆论影响、潜在用户的流失外，其实也在一定程度上意味着企业还有进步的空间。通过用户的负面反馈可以聆听用户最真实的实际需求，汲取对品牌、产品的改进意见。

投诉的用户是真正关注企业的用户，用户的投诉行为也是求助行为。对于用户的负面反馈，如果处理得当，或许能收获一个品牌的忠实粉丝；而如果一味地忽略和逃避，小问题也可能会发酵扩散，成为无法忽视的舆情问题。

9.2.4 重视粉丝的负面反馈，需要关注的大场景

（1）粉丝个人博文"吐槽"

微博平台上，每时每刻都有大量的用户发布博文发表自己的观点和看法。对于企业官 V 来说，如果用户并未在博文中@官 V，就看不到这些用户的负面反馈。但这并不代表企业可以无视这些声音的存在。负面的声量一旦任由其放大，损害的是企业在用户间的口碑和形象，导致产品的用户流失、销量的下降。

企业官 V 可以在微博上主动搜索"品牌名称＋负面关键词"，或是通过第三方软件的实时监控，及时发现对企业的一些负面评价。

（2）用户主动@官 V 进行投诉

相对于未@官 V 的用户来说，主动@官 V 进行投诉的用户负面反馈更倾向于希望得到企业官 V 的回应和处理，因此要更加重视对此类用户的及时响应。

（3）评论区反馈

不论是企业账号的主账号，或是账号矩阵中的其他官 V 账号、高管微博等，偶尔都会收到用户的负面意见反馈或投诉。

相对于用户发微博投诉，评论区的负面反馈更直接地展示给了官 V 的粉丝和潜在目标用户，影响更直接，影响的人群也更集中，所以企业更应重视评论区的负面消息。首先需要及时回应，因为企业的回应也会让其他粉丝看到，有助于减小负面评论的影响，再通过私信或转交客服部门对用户反馈进行跟进。

（4）私信吐槽

作为官 V，每天可能收到上万条的私信，对于私信中的投诉和建议，甚至是用户的一些无关产品和品牌的小抱怨，都应该及时给予回应。

不论用什么方式处理和解决客户的负面发声，都应该明确客户负面反馈问题的基本原则，就是重视每一个用户对于企业品牌的意见和发声，端正态度，发现问题的本质，及时沟通回应，不推脱不逃避，珍惜每个用户对于企业官 V 的价值。

在处理和响应用户的"吐槽"时，可以从如下几个方面入手。一是建立品牌的客服矩阵账号，通过多账号联动，提供专业化服务；二是建立专业的客服团队，提升处理问题的效率；三是及时响应，通过私信或回复用户来处理用户的问题，提供解决方案；四是追溯问题源头，倒推品牌及产品的优缺点。

企业微博群的运营其实也是围绕两点开展的。首先，在一定程度上粉丝与粉丝产生活动，由此来提高对企业的认同感，企业本身则主要化身为组织者或者领导者，由此来引导整个粉丝互动朝着良性的方向发展。其次，企业微博群的持续运营会积累一些资深的粉丝，对企业的产品也拥有着较深的了解，在粉丝的活动中，也可以更及时地解决潜在的问题，提高对企业的好感度。

另外，企业微博群的开展，是企业拥有私域流量的开始，群内的粉丝可能就是企业的潜在顾客，企业蓝 V 要在与粉丝的日常互动中，积极引导粉丝加入粉丝群，提高粉丝黏性。

9.3 社群数据化分析、运营与优化

很多人理解的社群是先将一些存在共同兴趣、爱好或价值观的网民聚集起来，然后通过发掘这一群体的潜在消费需求完成价值变现。许多社区电商平台就采用了这种发展逻辑，其创始人最初并未想通过社群获取价值回报，可能仅是简单地组建一个社群以便大家共同交流。随着社群逐渐发展壮大，加上电子商务模式的崛起，电商平台找到了发掘社群潜在价值的有效途径。

从企业的角度来看，企业所打造的社群大部分是基于产品及品牌开发的，是一种先存在需求，然后组建社群的模式，与普通大众理解的社群存在明显的差异。

"社群数据化"的概念，很多人可能会感到陌生，但对产品数据化应该有一定的了解，其实二者的逻辑是相似的。在产品运营过程中，为了尽可能地对产品进行优化调整，实现更科学、有效的管理，进行产品数据化是企业较好的选择。但在社群的运营过程中，有些运营人员将自身的精力主要放在吸引新用户、提高群成员的发言数量、防止成员乱发广告等方面，而忽略了社群数据化的重要性。这种做法很容易导致企业违背组建社群的初衷。例如，企业组建社群可能是为了便于对现有的核心客户进行管理，此时吸引过多的新用户加入社群，反而会导致社群的性质发生改变。

9.3.1 拉新用户

通过社群进行拉新，在企业界的应用非常普遍，比较常见的操作方法是邀请业内大咖加入社群，定期分享具有较高价值的内容，从而吸引感兴趣的用户加入社群。

从用户的视角看，这个社群是以向业内大咖学习专业知识和技能为目的而组建的，但从企业的视角看，该社群是为了吸引新用户的加入而组建的。企业为了实现用户拉新，会将注册网站、关注公众号、提交个人信息、在朋友圈分

享二维码等作为加入社群的门槛。企业完成用户拉新的目标后，通常会将社群解散，因为这种社群很容易演变成"僵尸"群及广告群，对企业的产品及品牌会产生一定的负面影响。

9.3.2　活跃用户

组建社群是对用户集中化运营的有效方式，在提升小规模用户群体的互动积极性方面通常会有不错的效果。例如，一些社交媒体平台在开发新的产品功能时，会邀请几十名或者几百名忠实用户对新版本进行测试，并为这些用户组建一个专属的社群，用以收集他们的反馈和建议。但当产品的用户规模达到10 万人时，通过组建社群来提升用户活跃度的效果甚微，可行的方案是策划营销活动或进行产品创新。

9.3.3　转化用户

转化用户的目的是进一步挖掘目标群体的潜在价值，对于客单价较高的商品，这一点尤为关键。

以一家专注高档农产品开发的销售公司为例，这家公司由于核心创始人团队在行业内有丰富的资源，会邀请一些高档农产品业内大咖为学员分享农产品的食用、销售经验，经过两年的积累，这家机构的微信公众号已经拥有几十万粉丝。但管理者却缺乏有效的手段将这些粉丝转化成线上的购买者。虽然微信公众号目前已经开放了标签管理接口，公众号运营方可以快速、高效地为用户贴上标签。但需要公众号运营方具备一定的开发能力，而这家销售公司可能不具备这种能力。事实上，这家销售公司可以通过组建与高档农产品消费相关的兴趣社群，实现对公众号粉丝的转化，除了向用户推荐其感兴趣的产品外，还可以配合利用免费食用、优惠打折等方式吸引用户购买。

企业在销售产品时，可以通过更低的折扣、领取代金券等优惠条件，吸引用户加入社群，然后定期在社群内分享有价值的内容，积极地与用户交流沟通，甚至组织用户参加线上线下活动，向用户推荐产品及服务。

9.3.4　留存用户

用户从平台注册到真正购买优质、高档农产品，往往会间隔一段较长的时间。对于这种低频长尾需求，运营方除了可以通过公众号定期推送优质内容对目标群体持续施加影响外，还可以组建社群留住这些用户。

由于消费频率相对较低，企业只需要定期为社群分享有价值的内容即可。社群的管理可以交给一些感兴趣的成员进行，必要时可以给予这些管理人员一定的物质回报。

　　从整体来看，无论企业是出于哪种目的而组建的社群，都需要考虑社群的运营效率。当社群成员达到一定的规模后，要实现对社群的高效管理，必须找到一个与企业和社群成员连接的有效节点。在实践中，企业可以将 App 与公众号作为连接节点。

第10章 O2O电商平台营销

10.1 O2O电商平台的概念

O2O（Online to Offline）线上到线下模式，是指线上营销、线上购买带动线下经营和线下消费。该模式起源于美国，但在中国发展最成功。O2O是借助互联网，将打折、优惠活动、服务预订等信息推荐给客户，吸引客户线上下单，然后到线下实体店去消费、提货或者送货到家的一种商业模式，其核心是在线支付。这种模式能方便地将用户与互联网平台连接在一起，为实体店引流，特别适合必须到店消费的服务。

O2O将线下的商务机会与互联网结合，让互联网成为线上和线下交易的平台。O2O电商模式一般具有六大要素：独立网上商城、国家级权威行业可信网站认证、在线广告功能、商家与客户在线互动系统、线上线下一体化的会员营销系统、分销系统。与微信、抖音、快手以及微博等社交类平台有很大的差别，O2O电商平台具有独立的网上商城。

常见的O2O模式的电商平台主要有以下几类：

（1）餐饮业

如美团、饿了么、大众点评、滴滴外卖等。

（2）生鲜类

有盒马、每日优鲜、京东到家、拼多多、苏宁易购、朴朴等。

（3）旅游业

有途牛、同程旅游、携程网、途家等。

（4）交通业

如滴滴、哈啰出行、货拉拉、悟空租车等。

（5）医疗健康类

有春雨医生、好大夫在线、阿里健康、京东健康等。

（6）教育业

如新东方、学而思网校、猿辅导、作业帮、跟谁学、一起作业等。

10. 2　O2O 平台优势

O2O 的优势在于把线上销售和线下服务的优势完美结合起来，实现互联网与实体店完美对接，让实体店插上互联网的翅膀，让用户在享受线上价格优惠的同时，又可以享受线下周到贴身的服务。O2O 具体有以下优势。

第一，O2O 模式充分利用了互联网跨地域、无边界、海量信息、海量用户的优势，能够让商家获得更多的宣传、展示机会，吸引用户下单。其分销功能可实现用户的快速裂变，同时还可以充分挖掘线下资源，进而促成线上用户与线下商品服务的交易。

第二，O2O 模式可以让用户对购买的商品或者服务进行评价，通过大数据分析，对商家的营销效果进行直观的统计和追踪评估，避免了传统营销模式推广效果的不可预测性，实现精准营销，同时改进商品的品质和商家的服务，大大提升了对老用户的维护与营销的效果。

O2O 将线上订单和线下消费相结合，所以，所有的消费行为均可以准确统计，进而吸引更多的商家为用户提供更多的优质产品和服务。大数据平台的推广效果，可追溯每笔交易。

第三，O2O 模式中，通过在线支付方便购买，同时，折扣优惠信息让用户获得相比线下直接消费更为便宜的价格。通过推荐能让用户获知及时的商品及其服务信息，从而促进交易。同时，在线的有效预订能让平台减少对实体店的依赖，合理安排经营，节约租金成本等。

第四，O2O 模式打通了线上线下的信息和体验环节，价格非常透明，可以让线下用户避免因信息不对称而受到价格的不公平，同时用户可以足不出户，线上直接咨询和沟通。通过与用户的沟通，平台能更好地了解用户心理，从而做出有针对性的营销策略。

10. 3　营销模式

10. 3. 1　引流

引流就是通过各种实用的推广引流方法让别人跟你产生联系，最终实现营销产品或者平台营销的目的。引流的核心是提供对用户有价值的东西去换取用户的流量。引流是产品或平台营销过程中必不可少的一个环节，任何营销的本质都是需要用户，关键是让用户怎样找到产品或者平台。用户通过某种方式进入 O2O 平台，并在线支付购买一些产品，这个过程就包含包装—引流—转化—成交。在互联网这个竞争激烈的环境中，平台每天都在变化，有许多O2O 平台兴起，也有许多平台消亡。如果一个平台没有一套属于自己的包

装—引流—转化的方法，便随时都有可能被淘汰。

线上电商平台作为线下消费引流的入口，可以汇聚大量有消费需求的用户，或者触发用户的线下消费欲望。

（1）不花钱的引流

不花钱的引流方式主要有以下几种。

①公众号文章、活动推广：目前微信的日活跃用户规模已将近 2 亿，所以微信公众号是一个非常好的流量入口。推广的平台一定要开通公众号，然后链接电商平台，同时通过撰写公众号软文来吸引用户。软文的目的在于营销和转化，通过精心撰写的文案，能让读者有代入感。基本的写作原则：一是标题要鲜明醒目；二是主题鲜明，内容突出。针对不同的群体做出垂直细分的软文，才能引起用户的共鸣和热爱；三是简单明了；四是有深度和价值。基于深刻的社会洞察，不同群体的所思所想，写出他们感兴趣的、愤怒的、热爱的、受欢迎的内容，引起大家的共鸣。拼多多就是典型通过公众号流量做起来的 O2O 电商平台。

②社交平台：社交平台的用户量庞大，可以利用 QQ、微信、微博等平台来展示，激发潜在用户的购买欲望，用福利维系老客户。例如，利用公司在新浪等站点建立的官方微博，发布平台的相关活动资讯、促销等相关文章。这些文章能吸引广大网民的关注，里面附上推广信息的关键词和超链接，这样会引来大量的点击量，同时会被搜索引擎抓到关键词，从而引来更多的流量。例如，编辑短小精悍、能够吸引眼球、引起人们好奇心的平台消息（如秒杀、爆款等）在微信群里发布传播。群里在线的人数越多，点击的人也越多，效果非常明显。

只要社交平台账号内有足够多的粉丝，每天发布的信息就会带来大量浏览和点击量。如果社交平台还有分销功能，则会吸引更多的用户分享传播，能迅速带来翻倍增长的浏览和点击，裂变效果十分显著。

引流的效果取决于平台的粉丝和推广信息的质量，只要用心经营，就会积累大量的粉丝，平台引流的效果就会越好。

③搜索、问答、论坛类平台：在搜索、问答、论坛类平台，如百度、小红书、知乎等营销时，要找到与电商平台信息匹配度较高的平台，用专业的术语提供优质的答案，在一定程度上能提升平台的知名度和影响力。例如，利用百度知道，设计平台推广信息的相关问题，然后找人给出答案。百度知道是个非常直接和有效的推广形式。百度贴吧是个比较活跃的社区，可以在百度贴吧申请创建和平台推广信息相关的贴吧并发布相关信息，然后附上链接或者联系方式等。

百度百科是人们非常熟悉的专业知识源，如果将平台推广的信息创建成百科知识，会起到很好的宣传作用，且容易被搜索引擎收录，方便以后的推广。如果平台上有与百度产品相同的内容，如相关词汇，平台就会更容易被百度搜索，引流的效果就更好。

④视频、直播类平台：视频类平台如抖音、快手、视频号等，最近几年发展迅猛。利用这类平台为 O2O 引流，需要做出的短视频有自己的特色、有内容，这样才能吸引用户的关注和注意力。现在很多短视频的内容同质化较为严重，因此用户更喜欢原创和创新的内容，此外，拍摄和后期优化也非常重要。直播类平台，需要先做好策划，内容必须包含电商平台的二维码、链接或者联系方式，这样的引流才能有效。

⑤其他方式：借助小程序，利用微信的强大流量入口，交换微信群可以很快地接触到潜在的用户。此外，和同类网站交换友情链接，可以为优化搜索引擎带来便利，交换的站点 PageRank 值越高，平台的链接越容易被网络机器人发现，从而更容易被用户搜索到。O2O 外卖平台可借助消费点评类网站（如大众点评），让用户找到合适的餐馆，也可以借助电子地图，如百度地图、高德地图等，导航线下实体店，都能取得不错的效果。

不花钱的引流，要想取得效果，必须考虑以下几点。一是做好用户画像，了解用户的需求以及寻找用户潜在的平台。比如，在老年人都喜欢用的医疗健康类平台上引流就比较有效。二是要弄清楚平台引流的方法及规则，如果不懂规则容易被封号。比如在微信平台，如果短时间内添加太多人，微信平台可能会认为这是个营销号，导致直接封号。三是在引流平台注册对应账号同时在不违反平台规则的前提下，吸引用户并引导用户主动添加或联系自己。

（2）花钱引流的方法

不花钱的引流方法虽然可行，但是引流效果比较慢，或者根本没有效果。花钱引流的方法非常简单，只需要平台有大量的钱去投广告即可，而且效果非常明显。在电商平台中，投放广告是一种常用的促销手段，这种促销方法可以让企业得到很大的回报。只需购买流量较大的平台所设置的广告位，然后将推广 O2O 的广告植入，当用户看到广告后，如果有兴趣便会联系平台，从而达到引流的效果。

对于微信、微博、抖音等平台的引流，只要愿意花钱，平台就会为其导入大量的流量。比如，直播卖货类的平台上可以直接花钱买流量，买 100 个粉丝和 100 000 个粉丝，效果是截然不同的。

此外，像团购类、打车类、共享单车类 O2O 平台，它们崛起前，基本上是通过花钱来购买流量，最终生存下来。

平台花钱引流，必须注意两点：一是明确自己的目标、需求预算；二是选择合适的引流平台，进行精准营销。

10.3.2　地推

线下的地推是电商平台线下推广的重要手段，一个成功的地推方案能为商品带来大量的优质用户。但是，在地推早期，为吸引用户，花钱引流似乎是不可避免的。电商平台的推广运营团队必须事前策划好地推方案，并结合新媒体的营销模式，事后进行数据分析和统计，时刻监测和统计渠道价值，总结经验和教训，尽快从地推中找出最有效的地推模式和最成功的营销方法，并进一步发掘地推人才，逐步完善和改进地推，制定出最符合平台的地推策略，把控后续的地推成本，让每一分钱都花在刀刃上，取得最好的效果。

10.3.3　转化

引流方法可以帮助 O2O 平台吸引大量的流量。如果 O2O 平台不能将流量转化为销量，花再多的钱也没有效果，这就需要提高流量的转化。

（1）O2O 网站的用户界面一定要友好

吸引用户，平台需要包装。精美的界面、产品展示、图片或视频，平台的特色都会让用户眼前一亮。用户心情舒畅，自然会在平台上多逗留，从而提高交易的机会。例如，农产品 O2O 平台，精美的水果图片和体验视频展示出色香味俱全的感觉会勾起用户吃的欲望。

（2）优化用户下单流程

用户下单流程包括注册、浏览、购买、互动，流程一定要简化，否则用户会失去耐心。点一步或点两步能完成的采购，用户的体验是完全不一样的。简单快捷，即点即得的流程，会让用户有冲浪般的感觉。

①提供详细的商品信息：下单流程简单快捷，商品信息详细，才能提起用户的购买兴趣。特别是新用户，对平台上的商品不放心，只有平台的商品信息越详细，用户的兴趣就越高。当然，商品信息里还包括咨询服务、售后服务等。比如，用户购买农产品，就会对产地、产品特点、产品资质证书、使用方法感兴趣。比如，平台上卖散养土鸡，可用视频监控让消费者直接看到养殖环境。

因为用户现在对食品安全溯源、自身健康越来越重视了，所以产品信息越详细，资质证书越多，用户就会越放心，购买的冲动也就越强烈。农产品生鲜的售后服务尤其重要，如果商品信息里明确标出如何保存生鲜、坏果包赔、假一罚十等，用户就会非常放心，没有后顾之忧。

②设计有吸引力的促销措施：O2O 平台，从最先的团购平台到打车平台，再到共享单车平台，除了传统的打折、优惠券、补贴、免费使用等，用户已经习惯了平台的营销手段。如果平台没有吸引力，不能为用户带来极大价值的、

有创新的营销策略，都将提不起用户的兴趣。比如，一些农产品 O2O 平台用拼团的策略以及补贴等策略，让用户以较低的价格获得产品。其实这并不是好事，这种操作一方面让别的商家卖不出产品；另一方面让大家觉得便宜无好货。所以低价促销并不一定有效，反而，一些限购策略会取得意想不到的效果。

（3）反馈

用户将自己的消费体验反馈到 O2O 平台，有助于其他用户做出消费决策。这种反馈不仅包括调查表、用户与客服的互动信息、地推活动的反馈，还有对商品和服务的评价信息等。这些反馈信息非常重要，O2O 平台利用大数据和人工智能技术对这些信息进行分析和处理，可以改进产品的质量和平台的服务，进一步完善商品信息。特别是大数据推荐会更加精准，真正实现精准营销，能吸引更多的用户使用 O2O 平台。

提高转化的其他策略包括及时与用户在线互动、售后跟踪服务，以及让用户说话等。

10.4　O2O 平台营销策略

平台营销的目的是让更多用户知道平台，让更多用户使用平台，最后成为平台的忠实用户。

10.4.1　做好内容营销

O2O 平台营销如果仅仅是花钱引流而没有内容，营销的效果是不好的。营销内容的核心包括商品的质量和服务，包含 3 个方面，一是商品用数据说话，成交案例、用户体验等；二是给商品讲故事；三是突出差异化。例如，农产品的成交数量、用户体验、产品质量数据等，讲农产品的原生态、滞销以及相关的历史文化故事，还有农产品的地理、气候导致产品的差异化、商品服务如何让用户放心等。

10.4.2　做好在线支付

O2O 模式能取得成功的关键就是在线支付。O2O 不仅让用户拥有线上产品展示带来的快捷流畅的信息体验，也拥有线下实体店体验产品带来的踏实感。在线支付很好地将线上和线下两个环节打通。用户在网上选择心仪的商品后如果没有在线支付，有可能随时取消交易。在线支付还可以保护用户。如果用户对商品不满意，可以随时退款，这样就保证了用户的利益。所以，平台必须保障在线支付服务的快捷与安全，提供多种支付方式供用户选择。

微信支付、支付宝支付、银联支付和信用卡支付等，是目前消费者使用较

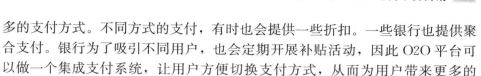

多的支付方式。不同方式的支付，有时也会提供一些折扣。一些银行也提供聚合支付。银行为了吸引不同用户，也会定期开展补贴活动，因此 O2O 平台可以做一个集成支付系统，让用户方便切换支付方式，从而为用户带来更多的实惠。

10.4.3　激发客户分享

O2O 平台的关键是用户流量，可以使用引流方法。免费的引流，速度比较慢，而花钱的引流，有时效果也不明显。激发用户分享来增长平台的用户数，是 O2O 平台成功的重要环节。要激发用户的分享欲望，需要考虑几点。

（1）平台的实用性

用户愿意把有价值、有思想的内容传播给其他人。

（2）分享的好处

分享后自己能获得好处，比如购买的商品便宜了，或者直接获利了。因此要合理利用分销工具，激发用户的分享欲望。

（3）展示自己

分享是为了让别人更好地了解自己，知道自己关心的事物，获取存在感，同时，显示自己在乎对方，寻求对方的认同、点赞和评论。

（4）触发某些情绪

O2O 平台要做到让用户一看，就能从心底产生某种情感，产生共鸣的东西。

一些助农平台（如我知盘中餐），拥有分销系统，如果发现其平台上有物美价廉的农产品而分享出去就可以获得收益，同时为扶贫助农做了一点贡献，显示自身的社会价值。

（5）加强互动

对用户的线上咨询，平台应及时回复。交易成功后，平台要及时获取对方的反馈。逢年过节，加强互动，展示对对方的重视。这样信任感就会在不知不觉中加强，最后成为忠实用户。

（6）近距离营销

近距离营销，包括本地化、社区以及实体店营销，是目前的一个发展趋势。手机有个功能，就是以自身位置为坐标查找附近信息，所以不论你是当地人，还是这里的游客，都可以通过搜索附近商店、酒店、餐馆、超市等，找到自己需要的服务。因此，平台必须做好本地化营销。

（7）大数据精准营销

因为盲目地发邮件、短信，打电话，或者以扫楼的方式进行地推，都比较传统，不易达到营销的效果。O2O 平台利用后台管理系统、分销系统、会员系统、财务系统、物流系统等，积累了大量用户的评价数据、商品数据、物流数据、财务数据、运营数据等，这些数据又包括用户的基本特征、生活方式、消费习惯、兴趣爱好、消费行为等信息。

平台能够根据大数据和人工智能技术提供的数据，深挖客户价值，真正做到精准营销。

10.4 案例——O2O平台营销案例

"我知盘中餐"平台是厦门大学（简称厦大）师生创业的助农项目，获得"第四届中国互联网＋大学生创新创业竞赛"金奖。平台主要是利用厦大师生去农村实践助农，帮助解决农产品的销售难题，通过不花钱的引流方式，结合寒假和暑期进行的社会实践。

厦大师生团队每到一地，都会跟当地政府对接，通过政府召集合作社或者做电商的负责人，进行我知盘中餐O2O平台电商培训，从包装设计、营销策划、市场推广、软文写作、新媒体营销等方面教农民朋友做电商。一般培训人员在80人左右，从返乡创业、历史文化、滞销、原生态等方面进行软文写作和平台营销。同时，师生现场采摘水果，边吃边直播。

由于平台采用web的开发系统，所以能方便地让用户选择微信、支付宝和银联支付。另外，扶贫产品也入驻农行和建行的扶贫商城，可以利用各银行的满减活动，进行平台推广。

师生团队经常在厦大三家村做地推活动，通过现场试吃农产品来推广平台。此外，平台子公司——甘肃禾壹家，2022年跟中国农业银行（简称农行）配合，去各小区或企业做地推活动——平台上每人限购一件永靖苹果，而这个苹果只要经农行支付，就可以半价获得。由于苹果品质好，价格优惠，很快成为爆品，很多企业也购买来做福利。由于我知盘中餐平台取得了很好的推广营销效果，使得扶贫助农的品牌形象深入人心。

│ 案例——我知盘中餐平台研发 │

（1）市场分析

①农产品滞销：通过厦门大学团队讨论，决定研发线上平台，让农民朋友在平台上卖农产品，多一个销售渠道。

②产品安全：直接对接原产地合作社，致力食品安全溯源，保证产品质量和安全。在扶贫助农的同时，让消费者吃到健康安全的农产品。

最后，通过调研分析，形成需求文档。

（2）完成产品定义及设计

①我知盘中餐平台产品前景：利用大数据助力乡村振兴，解决农业产

业链的产供销难题，符合国家的战略需要，因此市场前景巨大。

②目标市场定位：一方面打开农产品销路，另一方面为城市提供安全放心的农产品，因此市场面向农村和城市。一个连接农产品供应商、餐饮企业、物流企业以及广大消费者的餐饮采购产业链、互联网＋四大行业（现代农业、物流业、餐饮业、金融业）的平台，采用了移动互联网、云计算、大数据以及物联网等核心技术，满足目标市场定位。

平台的竞争分析包括与淘宝、京东、一亩田的对比分析，平台应该具有这些电商平台应有的功能，比如注册、上架、采购流程、积分、分销以及优惠券等，还必须有大数据推荐、智慧农业的技术等，能够提升整个农业产业链的附加值。

参 考 文 献

[1] 张薇. 互联网+时代中小制造企业的网络营销策略分析 [J]. 老字号品牌营销，2021 年 03 期，页码 93 - 94.

[2] 张小慧，黄港作，牛多洁. 基于个性化推荐的农产品网络营销平台系统设计 [J]. 乡村科技，2020 年 36 期，页码 117 - 119.

[3] 青虹宏. 电子商务营销 [M]. 北京：中国铁道出版社，2012.

[4] 石瑜阳. 电子商务对传统营销渠道的影响研究 [J]. 现代经济信息，2018 年 03 期，页码 350.

[5] 杜生明. 电子市场中第三方中介的演化研究 [D]. 武汉：华中科技大学，2009.

[6] 于学文，杨欣，张林约. 农产品市场营销与电子商务 [M]. 北京：中国农业出版社，2017.

[7] 陈悦. 大数据分析对电子商务营销的促进意义 [J]. 产业与科技论坛，2017 年 16 期，页码 98 - 99.

[8] 胡穗生. 电子商务对企业竞争战略的影响分析 [D]. 汕头：汕头大学，2001.

[9] 电子商务法起草组. 中华人民共和国电子商务法条文释义 [M]. 北京：法律出版社，2018.

[10] 张楚. 电子商务法 [M]. 北京：中国人民大学出版，2016.

[11] 薛梅. 电子商务法法律法规与案例分析 [M]. 北京：人民邮电出版社，2021.

图书在版编目（CIP）数据

农产品新媒体电商实务教程 / 乔富强主编. -- 北京：
中国农业出版社，2024.7. -- ISBN 978-7-109-32212-7

Ⅰ.F724.72

中国国家版本馆 CIP 数据核字第 2024XT0877 号

农产品新媒体电商实务教程

NONGCHANPIN XINMEITI DIANSHANG SHIWU JIAOCHENG

中国农业出版社出版

地址：北京市朝阳区麦子店街 18 号楼

邮编：100125

责任编辑：李 夷　　文字编辑：陈亚芳

版式设计：王 怡　　责任校对：吴丽婷

印刷：北京印刷集团有限责任公司

版次：2024 年 7 月第 1 版

印次：2024 年 7 月北京第 1 次印刷

发行：新华书店北京发行所

开本：700mm×1000mm　1/16

印张：12.75

字数：242 千字

定价：88.00 元